日本史史料研究会セレクト❷

お酒をつくる戦国の代官
–小田原北条氏家臣・江川氏

伊藤 拓也 著
日本史史料研究会 監修

JN123569

時空書房

はじめに

戦国大名《せんごくだいみょう》の家臣《かしん》がその代官を務め、本拠地で領主も務め、そのかたわら最高級の酒もつくる。現代に無理やり置き換えてみると、軍人・警察官が税務職員を兼務し、居住地の村長も務め、かつ蔵元をも営んでいた感じだろうか。現在からみれば、それぞれの業務があまりに違いすぎて、両立するのは難しいようにも思える。しかし、中世の戦国時代にはそういう存在はあり得て、実際にしていた一族がいるのである。伊豆は韮山《にらやま》（静岡県伊豆《いず》の国市《くにし》）の江川《えがわ》氏である。

今の研究では、代官を務めた、土豪《どごう》から給人《きゅうにん》―戦国大名の家臣となっていて、所領《しょりょう》（領地《りょうち》、知行地《ちぎょうち》）はもっているが、大名からの自立性は高くないと理解されている普通の領主―になったもの、というように評されるだろうか。代官にしても給人にしても、戦国大名など地域政権の内部に埋没した存在とみなされ、捨象されがちである。しかし、こうした人々も、戦国の世に適応したかたちで、自らの出自や特殊性も活かしながら、意外と自律的に生き、マルチに活躍していたのである。

江川氏は、江戸《えど》時代のそれならば、有名な一族である。韮山代官の家といえば、ご存知の方もいらっしゃるだろう。韮山代官は江戸幕府《ばくふ》の代官の代表例ともされ、特に江戸時代後期の江川太郎左衛門英龍《たろうざえもんひでたつ》は著名である。開明的な官僚・知識人、西洋式兵学者として、大砲をつくる反射炉《はんしゃろ》や糧食《りょうしょく》のパン、「回れ右」などの号令をつくったエピソードとともによく知られている。

江戸時代の江川氏の屋敷（江川邸）や韮山反射炉は、それぞれ国指定重要文化財や世界遺産に指定されていて、観光名所として名高い。しかしその先祖、戦国時代の江川氏となると、中世以来の土豪とはいわれているが、その実像が知られているとはいいがたい。韮山にいて戦国大名北条氏《ほうじょうし》の家臣を務め、最近復刻が話題となった江川酒《えがわ》というお酒をつくっていたことくらいであろうか。実際そのころの江川氏については、かつては当時の同時代史料が何点もなかったため、確かなことがほとんどわからなかった。

しかし近年、それがかなり明らかになってきている。江川氏のご子孫が伝える史料群（『江川文庫《えがわぶんこ》』）から、静岡県が主催し文化庁が後援して平成一四年（二〇〇二）度から始まった江川文庫総合調査により、戦国時代の関係史料が合わせて二〇数点ほど発見されたのである。それにより、戦国時代の江川氏の実像がずいぶんとわかってきた。冒頭に述べたような、多様性に富む興味深い姿である。本書は、最新の研究に基づき、これまでわかっていたことも含めて再構築し、戦国時代の江川氏の姿を描き出そうというものである。

本題に入る前に、いくつか断りごとをさせていただく。まず本書で主に扱う、戦国時代を中心とした時代区分についてである。まず、どの時代も同じであるが、始期《しき》や終期《しゅうき》などについて、諸説ある。また、全国が一斉に時代が変わるとも限らない。例えば、関東地方では戦国時代が始まっているが、ほかの地方ではそうでないと理解したほうがよさそうな時期がある。逆に、近畿地方など当時の日本の中心地域では戦国時代が終わっているが、その他の地方ではまだ戦国時代が続いていると理解したほうがよさそうな時期もある。

時代区分は明確にしたほうがよいのはいうまでもないが、いろいろと難しいところもあるのである。そこで、ひとまず本書では、戦国時代をなるべく広くとって、次のようにしておく。中世の最後の時代といえる戦国時代は、関東で享徳の乱があった享徳三年（一四五四）から、豊臣秀吉の全国統一の最大の画期である小田原合戦のあった天正一八年（一五九〇）である（『国史大辞典』）。小田原合戦が終わったときからが近世、ということになる。さらにいえば、小田原合戦終了から、だいたい関ケ原の合戦（一六〇〇）が終わるころまでを近世初頭、そして一七世紀一杯を近世初期と呼んでいる。

本書で史料を引用する場合、現代語に訳したものを用い、傍線《ぼうせん》は筆者が引いている。また、現在の地名で、静岡県のものは県名を略している。そして叙述の根拠となる史料については、戦国時代などの同時代史料を最優先させて扱うのは当然であるが、後世つまり近世の軍記物語や家系図など伝承の類も傍証として用いている。ただし、考証による付会や混同・誤解が多く混入する近世後期の伝承より、戦国時代の「記憶の時代」とされる（平野仁也『江戸幕府の歴史編纂事業と創業史』）、近世初期の伝承を優先させて扱っている。

なお本書では時折、江川氏の所領や借金などについて、細かい想定や数式をたてて試算をしている。もし数字は苦手というようなことであれば、そうした想定や数式は読み飛ばしていただければと思う。

目次

お酒をつくる戦国の代官——小田原北条氏家臣・江川氏

第一章　江川氏の出自

ルーツは大和国か

江川氏の子孫は、自らの出身地を大和国《やまとのくに》（奈良県）と伝えている。近世初期の系図『寛永諸家系図伝《かんえいしょかけいずでん》』は、江川氏の出自について次のように伝える。江川氏の元の名字は宇野《うの》、大和源氏宇野親治《うのちかはる》の末裔《まつえい》である。初代の宇野右衛門太郎英治《うえもんたろうひではる》は鎌倉《かまくら》時代の人で、鎌倉幕府第五代執権《しっけん》北条時頼《ほうじょうときより》の時代に大和国から伊豆の八牧郷《やまきのごう》（伊豆《いず》の国市《くにし》韮山山木《にらやまやまき》）に下向し、鎌倉幕府の御家人《ごけにん》となった。

このうち、大和源氏の末裔と伝わる大和国出身の宇野氏、ということは尊重してよいように思われる。それに矛盾するような同時代史料が特にあるわけでもない。また江川氏の本拠地に、江川氏に付き従い下向したと伝わる家臣の宇野氏がいる。のちに北条氏の合戦で軍功をたてた「宇野殿《うのどの》」がこれにあたる可能性がある（『戦国遺文《せんごくいぶん》』後北条氏編《ごほうじょうしへん》）。この宇野氏が江川氏の一族で、その元の名字を名乗っていたものと理解できる。

また、後に述べるように、江川氏がつくっていたお酒に、大和国出身であることを示唆するようなところもある。そのお酒、江川酒は諸白《もろはく》の清酒とされる（橋本敬之「江川酒の製法書発見」）。諸白とは日本酒の製法で、材料の麹《こうじ》と蒸米《むしまい》に、どちらも精白《せいはく》した白米を用いたものである（『日本国語大辞典』）。中世の大和国の寺院でつくられた「南都《なんと》諸白」―史料上は戦国時代に現れる―をルーツとすることが知られている。

江川氏の前身は、後にも述べるように京都の酒屋宇野氏であるが、その宇野氏が大和国出身であれば、諸白の清酒を江川氏がつくっていたことも説明がつきやすい。大和国の寺院関係者だったか、寺院から学んだか、そのあたりはよくわからない。だが、大和国の宇野（奈良県五条市）出身で、諸白の清酒の製法を習得し、京都に行って酒屋を営んだ。そのように理解することはできるだろう。もしも寺院関係者であれば、製法を修得しやすそうであり、さらにいえば、子孫が伝えるように大和源氏の一族に縁《ゆかり》があった可能性すら、まったくあり得ないとまではいえない。

京都の土倉・酒屋、宇野氏

ただ、江川氏が鎌倉時代に大和国から直接下向したとは考えにくい。中世後期、伊豆に下向する前に京都にいたとみられるためである。すでに、江川氏は京都の宇野氏の一族、京都で酒造業に従事していたと推測されていた（杉山茂『薬の社会史』、他）。また、第七章でも扱う『江川文庫』の同時代史料から、京都およびその法華宗《ほっけしゅう》（「日蓮宗《にちれんしゅう》」は前近代まで「法華宗」といい、現在の日蓮宗は山梨県身延山久遠寺を総本山とする宗派を指す。同寺を総本山としない祖始日蓮系の寺院は現在でも法華宗であることを考慮し、本書ではこの表記を用いる）寺院の本圀寺《ほんごくじ》（京都府京都市下京区。昭和四六〔一九七一〕年に移転し現在は同市山科区）とつながりがあったことが知られている。この時代の同寺の表記は「本國寺」などとなっているが、後述する理由で、「本圀寺」で統一する。

さて著者は最近、その宇野氏が京都にいたことを示し得る証拠、同時代史料をみつけた。令和三（二〇二一）年三月のある日、東京大学史料編纂所ホームページのデータベース検索［https://wwwap.hi.u-tokyo.ac.jp/ships/shipscontroller］で、何気なく江川氏について調べていた。そうしたところ、すでに公開はされていたが一見関係なさそうな史料に、江川氏の前身とみられる宇野氏がいたのである（伊藤拓也「韮山江川氏の出自と下向」）。

史料は二点あり、一点目は明応《めいおう》期（一四九二～一五〇一）ごろとされる「酒倉味噌役免除在所《さかぐらみそやくめんじょざいしょ》注文《ちゅうもん》」、京都の酒屋に対する室町幕府の免税者リストである。

免除する在所《ざいしょ》（家）の事

（中略）

一　舟橋《ふなはし》南西頬《づら》　野洲井《やすい》　同じく（酒役）、以前は一貫《かん》四百文《もん》を上納していたとの

こと

（中略）

一　四条《しじょう》油小路《あぶらこうじ》東南頬　宇野

酒役《さかやく》、一貫文《かんもん》を上納していたとのこと

（中略）

一　錦小路《にしきこうじ》西洞院《にしのとういん》南西頬　中村

酒役、以前は一貫四百文を上納していたとのこと

（中略）

一　姉小路《あねやこうじ》烏丸《からすま》北東頬　宇野孫太郎《まごたろう》

（酒役）右に同じ、一貫文を上納していたとのこと。味噌《みそ》役《やく》の方は三貫文を上納していたとのこと

（中略）

一　北小路《きたこうじ》室町《むろまち》北東頬　中興又四郎《なかおきまたしろう》

酒役、竹倉と名乗っていたときは一貫四百文、それ以後は七百文を上納していたとのこと

（後略）

『蜷川家文書《にながわけもんじょ》』

酒屋の住所、名前、これまで納めていた税の状況をリストアップした史料である。土倉・酒屋として知られる野洲井《やすい》、中村、柳酒屋《やなぎさかや》として著名な中興《なかおき》氏らが記載されている。それらに並んで、傍線部に、宇野孫太郎《うのまごたろう》（「宇野孫太郎」）という人物がみられる。姉小路烏丸、つまり姉小路通《どおり》と烏丸通が交わるところの北東の角、現在は京都府京都市中京区《なかぎょうく》の太陽生命御池《たいようせいめいおいけ》ビルがあるあたりを住所としていた。室町幕府に酒役を一貫文上納していて、このときはそれを免除された。つまり宇野孫太郎は、同時代史料に酒屋として現れた、というわけである。ここでいう酒屋は今でいう造《つく》り酒屋《ざかや》、つくったお酒の販売もする蔵元という感じであろうか。そして姉小路烏丸の宇野氏は、味噌に関わる税である「味噌役」も三貫文上納している。酒屋ではあるが、味噌もつくり商う、いわゆる醸造業者というべきものだったかもしれない。

ちなみに「文」というのは、当時の貨幣である。銭《ぜに》と呼ばれるものであり、一枚で一文。そして貫文は、厳密にいえば銭九六〇枚である。銭九六枚の束を「一〇〇文」として、「一〇〇文」を一〇束まとめたものが一貫文である。だが大雑把にいえば、一貫文＝銭一〇〇〇枚としてよい。以下、そのようにする。「貫」を「千」と読み換えればよい、ということになる。

姉小路烏丸の宇野氏は、別の史料で土倉としても現れている。同じく明応期のものとされる土倉・酒屋の納税者リスト、「土倉酒屋注文」である。

（前略）

土倉

五条坊門《臨時の税は免除》西洞院南西頬　中興　三百文　同じく（臨時の税はなし）

春日室町北東《無力につき臨時の税はなし》頬　片山　二百文　同じく

姉《同じく》小路烏丸北東頬　宇野　四百文　同じく

六角室町西南頬　熊木　一貫五百文

春日《味噌》室町北東頬　片山　貳百文　同じく（臨時の税はなし）

以上、二貫六百文

『蜷川家文書』

下京《しもぎょう》（当時の京都市街の南部）の土倉として、やはり中興氏と並んで、傍線部に姉小路烏丸の「宇野」という人物がいる。そして「宇野」は四〇〇文の土倉役を幕府に納めている。つまり、宇野孫太郎が酒屋をしているところと同じ場所で、「宇野」が土倉をしているというわけである。「宇野」は孫太郎本人、もしくはその一族と思われる。

「宇野」が孫太郎の一族であれば、土倉の宇野の当主は、のちの江川氏の惣領《そうりょう》の名である又太郎を名乗っていたかもしれない。近世後期の家系図（『系譜』〔『韮山町史』六上〕）から、著者は次のように想像している。土倉の宇野氏は、前当主と当主―それぞれ、宇野英住《ひでずみ》と宇野英盛《ひでもり》にあたる―がいたので、単に「宇野」と記されていた。酒屋の宇野氏は英盛の兄弟にあたる孫太郎―宇野正秀《まさひで》にあたる―であったため、「宇野孫大郎」と記された（第二章で詳述）。近世後期の伝承をヒントにしたあくまで想像ではあるが、こう理解すると一応の辻褄は合う。

その想像の可否はともかく、宇野氏は、京都の姉小路烏丸を住所とする土倉かつ酒屋であった。従来であれば即座に、酒造業と金融業を営む町衆《まちしゅう》（いわゆる町人）であったということになる。ただし最新の研究では、土倉・酒屋と史料上現れるからといって、必ずしも酒造業者・金融業者の町衆とは限らないとされる。その研究では、次のような指摘がなされている。応仁《おうにん》・文明《ぶんめい》の乱（一四六七～一四七七）以後の土倉・酒屋は、「武家被官《ぶけひかん》」、ここでは細川《ほそかわ》氏・山名《やまな》氏・伊勢《いせ》氏など有力武士の被官（家来）となっている人々が多い。地方から上洛して、土倉・酒屋であった屋敷に滞在し、金融業や酒造業には従事せず、土倉役や酒屋役などの課税には応じている人々である。彼らは、裕福であるのは確かだが、その富は京都で稼いだものとは限らず、地方出身で上洛して富を持ち込んできた者が多い（酒匂由紀子『室町・戦国時代の土倉と酒屋』）。

しかし、この宇野氏は町衆で、少なくとも酒造業は営んでいたとみられる。そして金融業者であった可能性もあったと考えられる。しかも、中興氏と同様に、伊勢氏と被官《ひかん》関係（主従関係）を結んでいた可能性もある。伊勢氏は、室町幕府の将軍の側近で、幕府の政所《まんどころ》執事《しつじ》（事務方トップ）を世襲して京都の財政を担った一族である。その家臣、先ほどあげた酒屋や土倉に関わるリストを所蔵していた蜷川氏が、幕府の土倉役・酒屋役の徴収にあたっていた。京都で金融業や酒造業を営むのであれば、主人とするのにうってつけといえる武士であった（伊藤拓也「韮山江川氏の出自と下向」）。

そして宇野孫太郎の子孫、もしくはその名跡を継いだものと思われる人物が、江川氏にはいる。江川氏当主の庶子《しょし》とおぼしき人物に江川孫太郎がいるのである。ここから、姉小路烏丸の宇野氏が江川氏の前身と考えられる（伊藤拓也「韮山江川氏の出自と下向」）。このように考えると、主に京都でつくられ、戦国時代にようやく近畿地方や西国などでつくられるようになる清酒、しかも全国的に珍重されるレベルの高品質の清酒（第六章で詳述）を、遠く伊豆で江川氏がつくれることも説明しやすいだろう。

伊豆に下向し、江川氏に

このように京都の町衆であった宇野氏が、伊豆に下向して江川氏となる。江川という名字の由来だが、近世後期の江川氏の系図である『系譜』には、下向したのは山木郷の「江川」と伝わる。（『韮山町史《にらやまちょうし》』六上）。山木郷は、中世の公領《こうりょう》—平たくいえば、私有地の面の強い行政単位・公有地—である。その南端に、韮山古川《ふるかわ》という川が流れていた。戦国時代に山木郷から分かれた郷村《ごうそん》—いわゆる村—である金谷郷《かなやごう》（伊豆の国市韮山金谷・中《なか》・内中《うちなか》）の南部を流れる川である。この川は「江川」と呼ばれることがあったと近世後期の記録に伝わる（『増訂豆州志稿《ぞうていずしゅうしこう》』）。

そして同時代史料にも、「江川」と呼ばれた可能性がある記載がある。元亀元年（一五七〇）八月一〇日付の北条氏規《うじのり》書状写である（新井浩文等「丹党岩田氏に関する新出史料」）。この史料で氏規は、武田信玄《たけだしんげん》に韮山城を攻められた戦争の経過報告をしている。韮山城下の町場、つまり城下町に武田氏の軍勢が攻め寄せて焼き払った戦闘に関して報告しているのだが、そこに次のような記載がある。

私ども（著者注　氏規）自身が攻めかかり戦闘になりまして、「江川はし前」より押し返しました。

『岩田家文書』

図１　伊豆の国市の位置と同市の現在の水系
（「伊豆の国市歴史的風致維持向上計画」などを元に作成）

町場はおそらく四日町（伊豆の国市）、今の箱根《はこね》登山《とざん》鉄道《てつどう》駿豆線《すんずせん》の韮山駅西側に当時あった、いわゆる下田街道沿いの町とみられる。北条氏規は、第四代当主北条氏政の弟で、いわゆる韮山城主、彼がそこに攻め寄せた敵を撃退したということになる。撃退した場所は「江川はし前」、「江川」にかかる橋の前と解釈できる。

図１に示すのは、同市の現在の水系である。近代の地図（『韮山町史』五下）などをみると、「江川」は特に下流で、今の韮山古川と流路が違う。後に述べる内中（伊豆の国市）から北

上して、下田街道と韮山城の城山との間を通り、今の韮山駅の北東あたりで西にまがり、下田街道を横切って、洞川《どうがわ》（伊豆の国市）の流路のあたりをたどって狩野川《かのがわ》に注いでいたようである。四日町からみれば、その東側から北側へと「江川」が流れていたことになる。氏規は、おそらく四日町の街道（いわゆる下田街道）にかかっていた橋の前から、武田氏の軍勢を北に押し返したということになる。

この推測があたっていれば、韮山古川（下流は洞川）は、戦国時代から確かに「江川」と呼ばれていたことになる。その当否《とうひ》はともかく、宇野氏の一族が伊豆国《いずのくに》の韮山古川の流域に土着し、この川の名をとって江川の名字を名乗ったと理解することは、妥当というべきだろう。

伊豆下向の時期

江川氏の基本的な属性は、下向により、町衆から土豪―郷村の有力者、地侍《じざむらい》・侍分《さむらいぶん》ともいわれる階層―となったといえる。それでは、宇野氏が伊豆に下向して土豪になったのは、いつのことであろうか。

先ほど挙げた幕府の課税リストの、明応期（一四九二～一五〇一）ごろ以降であるのは間違いない。そして永正《えいしょう》一八年（一五二一）には同時代史料で江川の名字が現れる。ともかく明応年間、前述の幕府の課税リストの直後、姉小路烏丸の宇野氏は伊豆に下向して名字を江川とした。最初に居を定めたのは、金谷郷（伊豆の国市）の南、近世は内中村、今は伊豆の国市内中《うちなか》と呼ばれる地域（以下、内中と呼ぶ）と著者は推測している。そこの南部に「屋敷田」という小字があった。その付近に、下向した宇野氏が最初に屋敷を構えたとみられる（伊藤拓也「韮山江川氏の出自と下向」）。

そして江川氏が同時代史料に姿をみせるのは英盛の次代、江川英景からである。永正一八年とされる本圀寺《ほんごくじ》の役僧連署書状の宛先である「江川殿《えがわどの》」が英景とみられる。その次代の当主が英元《ひでもと》、同時代史料には天文六年（一五三七）から「江川又太郎《またたろう》」、のち天文一七年（一五四八）には「江川太郎右衛門尉《たろうえもんのじょう》」としてみえる。永禄《えいろく》四年（一五六一）没と伝わる。

その次代は英吉《ひでよし》、当主を継承する前とみられる永禄二年から「江川又太郎」として同時代史料にみられる。そして元亀三年（一五七二）には「江川太郎左衛門尉」、天正一五年（一五八七）には「江川肥前守《ひぜんのかみ》」としてみえる。ちなみに、のち近世初頭には「江川肥前入道《ひぜんにゅうどう》」としてみえる（有光友學「江川文庫所蔵 北条氏発給文書等の紹介」、伊藤拓也「戦国期江川氏の基礎的分析」）。

戦国時代の伊豆の江川氏は、当主になる人物ははじめ又太郎を名乗り、次に太郎右衛門尉か太郎左衛門尉を名乗った。そののち肥前守を名乗ることもあったと考えられる。なお、軍記物語等に現れる「江川兵衛大夫《ひょうえのだいぶ》」を英元や英吉にあてる伝承・見解もあるが、同時代史料にみえる当主の通称―又太郎、太郎右衛門、もしくは肥前守―とまったく異なるので、近世後期の考証による付会と思われる。

まとめ―江川氏の出自とは

本章では、江川氏の出自について述べてきた。まとめると次のようになる。

江川氏は、もとは宇野氏といい、大和源氏の末裔と伝わる。京都のいわゆる町衆（町人）で、おそらく大和国（奈良県）出身であった。大和国で材料の麹と蒸米に、ともに精白した白米を用いる諸白という製法を習得し、それをもって京都にのぼりお酒をつくった可能性がある。

宇野氏は、姉小路烏丸北東（京都市中京区）で土倉と酒屋を営んだ。金融業者かつ、酒だけでなく味噌も商っていたかもしれないので、醸造業者であったということになる。もしかすると、のちに江川氏当主となる系統が金融業、庶流となる系統が醸造業を営むという、いわゆる一族経営をしていたのかもしれない。また伊勢氏―将軍の側近で京都の財政を担い、酒屋と土倉に関わる税の徴収にも関わっていた武士―と、主従関係を結んでいた可能性もある。

そのような宇野氏が、明応期（一四九二～一五〇一）に伊豆に下向し、内中（伊豆の国市内中）というところに居を構え、そこを流れる川の名を取り江川氏を名乗った。こうして京都の町衆宇野氏は、伊豆の土豪江川氏となった。

次の章では、出自の関連事項ということで、戦国時代の江川氏の系譜について述べたい。戦国時代の京都の町衆宇野氏から伊豆の土豪江川氏まで、当主や重要な人物について、それぞれの事績について述べていく。

第二章　戦国時代の江川氏の系譜と事蹟

近世初期の家系図では

近世初期の系図『寛永諸家系図伝』の伝えるところからみると、「初代」宇野英治《ひではる》以降の当主は、②英親《ひでちか》、③英友《ひでとも》、④友治《ともはる》、⑤英信《ひでのぶ》、⑥英房《ひでふさ》、⑦英住《ひでずみ》、⑧英盛《ひでもり》、⑨英景《ひでかげ》、⑩英元《ひでもと》、⑪英吉《ひでよし》、⑫英《ひで》長《なが》、と続く。英長は当主となったのは近世初頭だが、戦国時代から活動している。「第二代」から「第九代」の当主は実名のみ伝わり、名字や通称の注記がない。「第一〇代」当主の英元から、名字が江川と明記される。

系図を素直に読むと、英景までは宇野氏で英元から江川氏ということになる。しかし英元が伊豆で出生したときには、すでに伊豆に下向していて、名字を江川としていたはずである。前章でも述べたように、「第九代」英景にあたる当主から江川を名乗ったことが、同時代史料からみえる。状況的にみると、英景とその先々代にあたる英住が江川に改姓したとするのが世代的に自然であると考える。

同時代の史料等から系図を再構築すると

以上の推測で『寛永諸家系図伝』を補い、他の同時代史料や系図も参考にしてまとめ、戦国時代の江川（宇野）氏の系図を再構築したのが図2である。

系図に載る主だった人々、早世《そうせい》して名前も伝わらない英吉の子を除いて、それぞれの事績について説明していく。先に述べたところや、後に述べるところと重複する箇所もあるが、煩《はん》をいとわず述べていきたい。

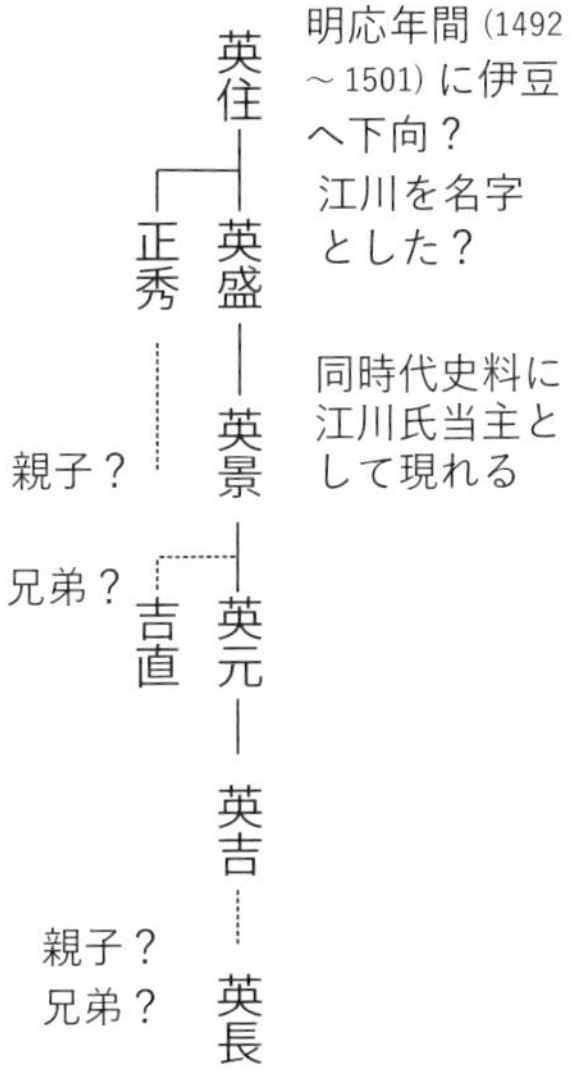

図２　再構築した江川氏家系図

なお生没年は、近世後期の系図『寛政重修諸家譜』によっている。年齢は数《かぞ》え年《どし》—出生時点を一歳として、その後は正月ごとに一つずつ歳をとる年齢の数え方—で表記している（以下、同じ）。

◎江川（宇野）英住（?～永正一二年〔一五一五〕）

次章でも詳しく述べるように、明応年間（一四九二～一五〇一）、早雲が新しい伊豆国主になったころに下向して、名字を江川に改めたとみられる。早雲より代官に任命されてお酒を献上し、そのお酒について「江川」という名を拝領し、酒部屋（江川邸）を与えられたと、近世初期の系図に伝わる（『寛永諸家系図伝』）。この伝承は英元のものとされるが、世代的にみて、英住のときのことと推測される。当主の座はすでに退いていたかもしれない。近世後期の系図には、英住は早雲に従って戦功があったと伝わる（『寛政重修諸家譜』）。

◎江川（宇野）英盛（?～永正一七年〔一五二〇〕）

英住の子。英住とともに伊豆に下向し、名字を江川としたとみられる。本拠地に本立寺《ほんりゅうじ》（伊豆の国市）を、居宅《きょたく》にあった庵《いおり》を移すかたちで創建して菩提寺《ぼだいじ》としたと、近世後期の系図に伝わる（『寛政重修諸家譜』）。本立寺の創建は文亀元年（一五〇一）とも伝わる（『増訂豆州志稿』）。伊豆下向のときには、すでに英盛が当主となっていたかもしれない。

◎江川（宇野）正秀（?～?）

英住の子、英盛の兄弟。近世後期の系図『寛政重修諸家譜』には、「北条家」に仕えた人物、同じく「系譜」（『韮山町史』六上）には酒造を会得してお酒をつくり早雲に献上した人物として伝わる。これら近世後期の系図の伝承をどこまで信じるかは難しいところだが、次のように想定すると一応の辻褄は合う。

正秀は、明応期（一四九二～一五〇一）の同時代史料（『蜷川家文書』）にみえる京都姉小路烏丸の酒屋宇野孫太郎、伊豆下向後にお酒をつくり早雲に献上したと伝わる人物にあたる。前章で述べたように、宇野（江川）氏が伊豆に下向する直前、明応期の段階で、京都姉小路烏丸の土倉宇野氏の当主が英盛、前当主が英住であり、そして酒屋宇野氏が正秀にあたる人物であっただろうか。

なお、正秀は又太郎を名乗ったと右の系図に伝わるが、これは近世後期の考証で又太郎を庶子、孫太郎を当主とする誤解（英長のところで後述）が生じたため、と筆者は理解している。

◎江川（宇野）英景（?～天文元年〔一五三二〕）

英盛の子。英住・英盛とともに伊豆に下向し、名字を江川としたとみられる。北条家に仕えたと、近世後期の系図に伝わる（『寛政重修諸家譜』）。

同時代史料に江川氏当主として初めて現れた人物とみられる。永正一八年（一五二一）に本圀寺（京都府）の住持交代を報告された七月三日付の本圀寺役僧連署書状（『江川文庫』）の宛名に「江川殿」とあり、英景に比定される。

◎**江川英元**（永正一〇年〔一五一三〕～永禄四年〔一五六一〕）

英景の子。伊豆下向後に生まれた初の当主で、近世初期の系図にも「生国伊豆」と伝わる（『寛永諸家系図伝』）。通称は初め又太郎、のち太郎右衛門尉（そののち、肥前と名乗ったと伝わる〔『寛永諸家系図伝』〕）。

本圀寺の住持より天文法華《てんぶんほっけ》の乱（一五三六）の報告と本圀寺再建の報告を受け、大曼茶羅を下賜され、本圀寺が遣わした人物（玉瀧房）の旅先の指南役を務めた。また韮山付近の北条氏直轄地の郷村の代官や、立野郷（下田市）三〇貫文の領主を務めていた。それらのことが同時代史料から確認できる人物でもある（『江川文庫』、『小田原衆所領役帳』）。

永禄三年（一五六〇）、英元はその晩年に本拠地を所領とすることになる。同年八月朔日（一日）付の北条氏発給の朱印状（『江川文庫』）で、立野郷と、前年まで北条氏の直轄地であった金谷郷（伊豆の国市）とが英元の所領として認められている。その「江川私領」において検地を英元が望み、認められている。

さらに金谷郷で「江川被官」（英元の家来）達に「笠原被官」達の土地を取り上げて与えることを認められている。「笠原被官」は隣郷の奈古屋郷（伊豆の国市）の領主である笠原康明の家来と思われる。彼らの土地を取り上げて英元の家来に与えることを認められ、英元、そしてその家来たちは土地を集積する。そうして江川氏は、その本拠地で領主かつ大土地所有者として隔絶した地位を築くことになると思われる（伊藤拓也「戦国期江川氏の基礎的分析」）。

◎江川吉直（？～？）

江川氏の庶子。ただ系譜関係はよくわからない。世代的にみて、英元の兄弟か、もしくは正秀の子にあたるだろうか。通称は孫太郎。同時代史料に所見があり、活動時期は一六世紀半ばごろ。天文六年（一五三七）四月一八日付の馬術伝書に「江川孫太郎吉直（花押）」と記載があり、本圀寺（京都府）の住持日助（就任年は永正一八年～天文二一年〈一五二一～一五五三〉）からの書状の包紙に「江川孫太郎殿」との宛名がある（ともに『江川文庫』）。

なお、吉直はもしかすると、第一次国府台合戦（天文七年〈一五三八〉）で軍功を挙げたと、近世初期の軍記物語『北条五代記』に伝わる「江川兵衛大夫」にあたる人物かもしれない。

◎江川英吉（天文一五年〈一五四六〉～寛永二年〈一六二五〉）

英元の子。通称は初め又太郎、のち太郎左衛門尉、肥前守、肥前入道。永禄二年（一五五九）、「江川又太郎英吉」が池坊専栄に華道の秘伝書『座敷荘厳図』写を与えられている（伊藤拓也「戦国期江川氏の基礎的分析」)。初代の「江川太郎左衛門」。永禄二年の秘伝書が史料上の初見。第七章でも述べるように、英吉は当主になる前に京都「留学」をしていたと思われる。年齢は、生年を天文一五年(一五四六)とすると数え年で一四歳。少年ともいえる年齢だが、名前は成人のものといえる。元服《げんぷく》した(成人した)直後に京都「留学」し、後継者として伊豆に帰るとき、秘伝書を与えられたということだろうか。

伊豆に戻った英吉は、おそらく永禄四年(一五六一)の父英元の死去により、当主となる。七月朔日(一日)付の書状で、本圀寺の住持日勝が英吉に、英元のお悔やみと供養の約束をしている。そして永禄八年(一五六五)、日勝から大曼荼羅を下賜される(『江川文庫』)。永禄九年(一五六六)、北条氏康に、駿河米(駿河国産の米)の借用分を毎年の給与からの分割の返済を認めてもらう。元亀三年(一五七二)には一〇〇〇俵余に膨れ上がった借米(借りた米)を北条氏に肩代わりしてもらい、英吉が無利子一〇年で返済することも認めてもらう(『江川文庫』)。英吉が本拠地金谷郷の領主、その近くの八幡免(伊豆の国市)代官であることが、北条氏から発給された同時代史料に現れる(『江川文庫』)。天正一五年(一五八七)九月七日に金谷郷の伝馬の規定を英吉に与えられる。同年一二月二四日、金谷郷と八幡免に対し、豊臣秀吉が年明けに来襲するとの報を受け、郷村の兵糧を拠点の城郭(韮山城か、山中城〔三島市〕)に集積する(代理の者を立てて集積させる)よう命ぜられる。翌天正一六年(一五八八)正月二日には、金谷郷と八幡免に対し、郷村の主長《しゅちょう》（リーダー）二人を人質として留め置くよう命ぜられる。

実際に豊臣秀吉が来襲したのは天正一八年（一五九〇）、いわゆる小田原合戦である。そのときに江川英吉は「韮山の城内江川曲輪」つまり江川邸付近を守備してそこを守り切り、戦後はその立場を基本的には安堵されたと、近世初期の系図に伝わる（『寛永諸家系図伝』）。実際、金谷郷などの領主でなくなった以外は、江川氏は引き続き徳川氏（江戸幕府）の代官を務め、酒造も続けた。ただおそらく、これを機に英吉は当主を英長に譲って出家した（伊藤拓也「戦国期江川氏の基礎的分析」）。

◎江川英長（永禄四年〔一五六一〕～寛永九年〔一六三二〕）

通称は、初め孫太郎、のち太郎左衛門尉。史料上の初見は天正一四年（一五八六）。京都の本圀寺の日禎から贈られた大曼荼羅（『江川文庫』）の宛名が、「江川孫太郎英長」と読める。系図類は英吉（太郎左衛門、のち肥前守）の子としている。孫太郎は、伊豆下向後の江川氏において庶子の名である。英吉が数え年で一六歳のときの子ということになり、世代的な問題から、英長は英吉の兄弟の可能性があるという指摘もある（仲田正之『韮山代官江川氏の研究』）。また庶流の、例えば江川孫太郎吉直の子にあたる可能性もあろう。しかし、いくつかの系図の類をみても、英長には英吉の実子という記載しかない。そして英吉には兄弟の記載もないのに対して、英長には実名は伝わらないが、早世したと近世後期の系図に伝わる兄弟がいる（江川某）。よって、ひとまずここでは、英吉がごく若いときにもうけた庶長子《しょちょうし》――嫡子《ちゃくし》とされず庶子とされた長子《ちょうし》――と理解しておこう。

英長について、近世初期の系図『寛永諸家系図伝』は次のように伝える。北条氏直に仕えたが、同僚とのトラブル（口論）により出奔《しゅっぽん》し、浪人《ろうにん》となった。北条氏規（氏直の叔父、いわゆる韮山城主）が手紙を徳川家康に送り、英長を岡崎（愛知県岡崎市）に遣わすことになった。家康は扶持を英長に与え、英長は家康に仕えた。しかし江川氏の後継者がいなかったことにより、氏直が家康に使者を出して英長を返してもらうよう頼んだ。それにより英長は伊豆に戻った。

北条氏規は若年のときに今川《いまがわ》氏の許にいて、同じくそこにいた徳川家康と親交があり、義理の兄弟の関係にもあった（浅倉直美「天文～永禄期の北条氏規について」、他）。岡崎はもちろん徳川家康の領地である。江川英吉の嫡子が早世するなどして江川氏の跡継ぎがいなくなり、出奔していた庶子の英長を呼び戻して英吉の後継者としたものと推測される。

『寛政重修諸家譜』には、北条氏直との結婚で北条氏に行く督姫（家康娘）に付き従い、そののち韮山に戻ったと伝わる。この近世後期の系図の伝承を信じるならば、督姫の小田原での婚儀は天正一一年（一五八三）八月一五日である（『大日本史料』第一一編之四）ので、戻ったのはこのころということになる。英長が後継者となったのは、大曼荼羅を贈られた天正一四年

（一五八五）ごろであろうか。

　戦国大名北条氏が滅亡し、いわば戦国時代が終わった小田原合戦（天正一八年〔一五九〇〕）の後、北条氏の旧領を引き継いだ徳川家康が入国した。そのとき英長は、家康に召し出されて早雲以来のこの地の様子を尋ねられ、徳川氏の代官を引き続き務め、江川酒も引き続きつくって献上したと伝わる（『寛永諸家系図伝』）。英長はこのときに当主となったと推測される。

英長は、前述のように岡崎で家康に仕えたことがある。そして家康の側室お万の方（養珠院）が英長の養女とされる（『勝浦市史』通史編、他）。これらのことが、戦国時代が終わり近世となったときに、江川氏の地位が概ね保たれたことに寄与したと思われる。英長がもっていた徳川氏とのつながりが、江川氏を救ったということになろうか。戦国時代末期に当主の後継者となり、そして近世初頭に当主として江川氏を存続させた英長は、江川氏中興の祖であったといえよう。

なお中興の祖であるがゆえに、近世後期の考証において、英長の通称の孫太郎がそれ以前の代々の当主の通称と誤解されてしまったと筆者は理解している。例えば、近世後期の系図で先代の英吉、先々代の英元の通称を孫太郎とする誤り（同時代史料と明らかに異なる）を犯している。江川（宇野）正秀の通称を又太郎とした誤り――正秀のところで述べた――も、おそらくこれによる。

まとめ―戦国時代の江川氏歴代

本章では、戦国時代の江川（宇野）氏の系譜について、歴代当主や主要人物の事績を、前後との重複はいとわず、なるべくわかる範囲で詳しく列挙した。まとめると、次のようになろうか。

宇野英住・英盛父子のとき、宇野氏は京都から伊豆に下向して江川氏となった。英住が前当主、英盛が当主であったろうか。英盛の兄弟、正秀が伊豆で江川酒をつくったと伝わる。正秀は、あるいは京都の酒屋として同時代史料にみえた「宇野孫太郎」にあたる人物だったかもしれない。とすれば、英住・英盛は土倉として同じくみえた「宇野」にあたるといえようか。英盛の子で次代当主英景のときはじめて、「江川殿」つまり江川氏として同時代史料上に現れる。

英景の子、次代当主の英元は伊豆に生まれ、生まれたときから江川を名字としたと伝わる初の当主である。その晩年に、金谷郷を北条氏から与えられ、本拠地で領主となる。そこで領主かついわゆる大地主となり、隔絶した地位を築く。そのころに活動した一族の吉直は同時代史料にみえる人物で、もしかしたら第一次国府台合戦で戦功を挙げた「江川兵衛大夫」にあたるかもしれない。

英元の子で次期当主である英吉は、当主となる前に京都に「留学」していたとみられる。「江川又太郎英吉」として池坊流の華道を学んでいたことが同時代史料にみえる。当主となった英吉は本拠地の領主、北条氏の直轄地の代官、京都本圀寺の檀家として同時代史料に所見がある。

天正一八年（一五九〇）、主人の北条氏が滅亡する小田原合戦においては「韮山の城内江川曲輪」、つまり自らの屋敷である江川邸とその付近を守り切ったらしい。英吉は、戦国時代が終わるときの当主だったともいえる。小田原合戦後、おそらく当主の座を退き、出家した。

戦国時代が終わったとき、当主となったのは英長である。英長は、英吉の兄弟や一族の可能性もあるが、一応英吉のごく若いころの子と理解しておこう。北条家でトラブルを起こして出奔し、徳川家に仕え、のちに後継者として伊豆に呼び戻されたと伝わる。本当ならばかなり異色の経歴である。もしかしたらこの経歴が、徳川家康との縁をつくり江川氏が近世に生き残った大きな要因であったかもしれない。ともかく英長は近世初頭に当主となり、江川氏を「お酒をつくる代官」として存続させた中興の祖であったといえよう。中興の祖であるがゆえに、おそらくその若いときの通称であった孫太郎—酒屋の孫太郎の名跡を継ぐかたちの、江川氏庶流の人物が名乗った通称—が、後世に戦国時代の江川氏嫡流の通称と後世に誤解されることとなった。

戦国時代が終わるときに次期当主であった英長まで語った。その結果、かなり先走って、近世が始まるころまで述べることになった。次章では時間を戻して、戦国時代は明応期（一四九二～一五〇一）、京都にいた宇野英住・英盛父子らにあたる人々が、伊豆に下向したあたりのことから述べていきたい。

第三章　江川氏の伊豆下向と伊勢（北条）早雲

早雲という呼び名について

宇野氏が伊豆に下向したとき、先にも述べたように、伊豆には新たな支配者がいた。伊勢（北条）早雲である。よく知られているように、早雲が明応二年（一四九三）に伊豆国に侵攻し、同七年には同国を平定して伊豆国主となった。この人物、お気づきの方もいらっしゃると思うが、近年は伊勢宗瑞《そうずい》と呼ばれることも多い。しかし著者は意図をもって、あえて早雲と呼んでいる。まず早雲の名字が北条ではなく伊勢であったことは明らかである（阿部愿《すなほ》「伊勢新九郎世系考」）ため、名字は伊勢を用いる。だが名前は、一般的に用いられた早雲を用いる。伊豆に下向した宇野（江川）氏の話の前に、この章の重要人物、そこの国主であり江川氏と深く関わると思われる早雲について、まずは宗瑞ではなく早雲と呼ぶ理由について説明させていただきたい。

伊勢宗瑞と呼ぶときによくいわれるのが、宗瑞は本人が当時の手紙などで用いた自称であり、早雲はそうではないという旨の主張である。正式名称は早雲庵宗瑞《そううんあんそうずい》であるが、それでは長すぎるということでもあろう。それが間違いとはいわない。しかし自称にこだわるのなら、早雲は僧形《そうぎょう》でもあるし、名字なしの宗瑞、もしくは早雲庵宗瑞と呼ぶべきではないだろうか。それに、これは当たり前のことだが、著者はじめ早雲以外の人は当然みな早雲ではない。よって、自称と他称が違っていて、どちらも呼称として適切そうな場合は、むしろ他称を使う方がよりよいのではなかろうか。当時用いられた他称は「伊勢早雲（庵）」や「伊勢新九郎《しんくろう》（入道）」といったところである。なお伊勢新九郎は、子の北条（伊勢）氏綱《うじつな》も使っているので、呼称としては今一つである。

では伊勢早雲はどうであろうか。名字が北条でなく伊勢であり、名前がそれこそ前近代から一般に呼び慣わされて定着した早雲である。この伊勢早雲が、事実と一般性とのバランスがとれた、最適な呼称と思われる。さらにいえば、最初だけ伊勢（北条）早雲と呼び、後はすべて一般に定着した名前である早雲と呼べば、よりよいと思う。

呼称・名前にとって一般性は大事である。辞書をひくと、固有名詞について、「その人（土地・物）を他と区別する意味でつけられた名前（を表す名詞）」と出てくる（『新明解国語辞典《しんめいかいこくごじてん》 第三版』）。呼称・名前は固有名詞であり、他のどれでもないそれを表す、つまり呼ばれたものと他のものとを区別するという要素が本質にあるはずである。その区別は当然、広く他者に知られている必要があるだろう。よって一般性は、呼称・名前にとって最も重要な要素に属する。

要するに、早雲という名前がすでに一般に定着している事実は重い、ということなのである。

最近、歴史上の人物名や事象名について、定着した呼称があるのにそれを通俗的なものとして、これこそが真実の名であるというような主張を込め、わざわざ史料用語に即したものに変えさせようとするケースがよくみられる。しかしそれはいかがなものだろうか、と著者は常々考えている。別の例になるが、以前、そこそこ歴史の知識がある方に真田信繁《さなだのぶしげ》（幸村）という名を出したところ、武田信繁《たけだのぶしげ》（武田信玄《しんげん》の弟）と間違われたことがある。著者自身も、インターネットで「森成利《もりなりとし》」という名をみかけて、織田信長《おだのぶなが》の有名な家臣である森蘭丸《らんまる》と気づくのにしばらくかかったこともある。これらは個人的な些細な一例だが、そうした混乱や困惑を多々引き起こしているであろうことは、想像にかたくない。

よって、広く知られている呼称がある場合は、なるべくそれを使うべきと著者は考える。呼称がすでに定着しているのに安易に変えるのは、かえって不適切だと思う。史料用語に即しているか否かよりも、現代の我々が「他の誰（どれ）でもない、その人（もの）」というように認識できる方が、はるかに重要であるはずである。そういうわけで著者は、最初だけ伊勢（北条）早雲と呼び、後はすべて、一般に定着した名前である早雲と呼ぶようにしている。

以降、節を改めて早雲が伊豆にきて国主になる過程について述べていく。特記ない限り、早雲の出自のところは家永遵嗣氏の二〇〇一年の論文、伊豆侵攻のところは黒田基樹氏の二〇一九年の著書、小田原城攻略のところは伊藤の二〇二二年の論文、伊豆を平定して国主になるところは池上裕子氏の二〇一七年の著書によっている。

早雲の出自と駿河国下向

早雲は伊勢平氏、平清盛の子孫と伝わる伊勢氏の出である。伊勢氏は、室町幕府の将軍となる足利《あしかが》氏の古くからの家来とされ、鎌倉時代末期の伊勢盛継《もりつぐ》が、上総国《かずさのくに》（千葉県中部）守護である足利貞氏《さだうじ》（尊氏の父）の守護代《しゅごだい》─守護の職務を現地で代行する役職─として史料上みられる。盛継の子、盛経《もりつね》から別れた庶流、つまり分家の系統が備中《びっちゅう》伊勢氏である。

嫡流盛継の子貞継の系統、京都伊勢氏と呼ばれる本宗家の系統はトップが政所執事を務め、他のものも将軍に近侍する側近として栄える。備中伊勢氏、備中国の荏原郷《えはらごう》（岡山県井原市）を所領とし、ここを本拠としながら京都で幕府側近として働いた一族も、本宗家の京都伊勢氏には及ばないが、側近として栄える（家永遵嗣等『戦国の魁　早雲と北条一族』、池上裕子『北条早雲』）。

早雲の父、伊勢盛定《もりさだ》は備中伊勢氏のさらに分家であるが、京都伊勢氏の本宗家と姻戚関係を結んで、備中伊勢氏の嫡流、兄の伊勢盛富《もりとみ》に負けない立場を築く。本宗家京都伊勢氏の当主は、第八代将軍足利義政《よしまさ》と第九代足利義尚《よしひさ》の「御父」つまり養育役となり（家永遵嗣「足利義視と文正元年の政変」）、権勢をふるう伊勢貞親《さだちか》であるが、盛定はその義兄弟となる。貞親の兄弟の女性が盛定に嫁ぎ、盛定は伊勢氏で重視された通称「備中守《びっちゅうのかみ》」を襲名する。この通称は、伊勢氏本宗家でも当主に次ぐ№2が名乗るものとされる（黒田基樹『今川氏親と伊勢宗瑞』）。そして盛定は、兄の盛富と並んで将軍の「申次《もうしつぎ》」という役職に就く。そして荏原郷を、元々荏原郷の領主であった下野国（栃木県）の那須《なす》氏の所領と寺社領とを除き、盛定と盛富とで折半して領したとされる（家永遵嗣等『戦国の魁　早雲と北条一族』、池上裕子『北条早雲』）。

京都伊勢氏と備中伊勢氏とは、もはや別の一族といってよさそうなほど血縁は遠い。だが備中伊勢氏の分家である盛定は、京都伊勢氏の当主貞親の義兄弟となりその代理を務めるなど、貞親を補佐するような関係にあった。

盛定は、貞親と駿河国守護の今川義忠《いまがわよしただ》との取り次ぎにあたっていたが（家永遵嗣「伊勢宗瑞（北条早雲）の出自について」）、よく知られているように、娘の北川殿《きたがわどの》を義忠に嫁がせる。今川義忠にとっては、幕府を東西に分ける応仁の乱（一四六七〜一四七七）が展開するなか、自分と同じ東の幕府に属する伊勢貞親・盛定との密接なつながりを確保することを狙った結婚であったとされる。今川義忠と北川殿の間には、文明三年（一四七一）に今川氏親《うじちか》が生まれる。

だが今川義忠は、隣国の遠江国（静岡県西部）に侵出する争いのなか、文明八年に突然戦死する。今川氏の後継者争いが、氏親（四歳）と義忠の従兄弟である小《お》鹿範満《しかのりみつ》との間に起きる。小鹿範満が当主となり、氏親と母北川殿は一旦隠棲を余儀なくされる。しかし長享元年（一四八七）に小鹿範満が殺害され、成人した今川氏親（一五歳）が当主となる。北川殿が、範満を武力で滅ぼして我が子氏親を当主に据えるべく、政治的な好機を捉えて、京都にいる弟、つまり伊勢盛定の子を駿河国に呼んだとされる。それが伊勢盛時、ほかならない早雲である。

早雲は康正《こうしょう》二年（一四五六）生まれ、母は伊勢貞親の姉妹、次男だが兄は早世して盛定の嫡男となったとされる。成人したばかりとおぼしき文明三年（一四七一）、荏原郷に父盛定が菩提寺として建立した法泉寺《ほうせんじ》（岡山県井原市）に、一六歳の早雲は領主が出すような文書を出している。そこから三年ほど後に、父の引退もしくは死去を受けて、その家督を継いだとされる。

文明一〇年（一四七八）には将軍の家臣としてその活動がみられ、二八歳となった文明一五年（一五八三）には将軍の「申次衆《もうしつぎしゅう》」という役職に就き、働いている。

そのように幕府の青年官僚として順調な歩みを遂げていたところ、駿河国に嫁いだ姉、北川殿からの招きを受けたとされる。早雲はおそらく主人、第九代将軍足利義尚に許可を得て駿河国に下向した。足利義尚は、近江国（滋賀県）の六角氏を討伐するところであったので、主人とは別行動をとったことになる。早雲はキャリアの順調さとは裏腹に、実は経済的には困窮し負債を抱えていたともされ、荏原郷の所領を売却して下向したとされる（池上裕子『北条早雲』）。

下向した早雲は、姉が望んだ目的を果たし、小鹿範満を討って甥の氏親を今川氏の当主に据えた。氏親は元服して領国支配を開始した。そのことは、史料上は延徳元年（一四八九）から確認できる（則竹雄一『古河公方と伊勢宗瑞』）。早雲は石脇城（焼津市）を与えられ、付近の広域的・

公的な支配を任されたとされる（池上裕子『北条早雲』）。

早雲の伊豆侵攻

ただ早雲の役職「申次衆」は、地方にいると活動できないものらしい。よって早雲は、一旦京都に戻って、幕府の官僚として働く。しかしほどなく、また駿河国に下向することになる。

駿河国の隣国の伊豆で、いわゆるクーデターが起こったのである。伊豆には、堀越公方《ほりごえくぼう》と呼ばれる将軍足利氏の一族がいた。第八代将軍足利義政の異母兄の足利政知《まさとも》が東国に下向し、曲折を経て関東の西部を支配する両上杉氏、山内《やまのうち》上杉氏と扇谷《おうぎがやつ》上杉氏に関東の将軍として担がれる。特に伊豆国守護であった山内上杉氏の後ろ盾のもと、伊豆の幕府直轄地などを支配する事実上の国主となっていた。延徳三年（一四九一）に政知が没したのち、正妻の子の次男である潤童子《じゅんどうじ》が、母の円満院の後見を受けながら堀越公方を継ぐ予定であった。だが潤童子の異母兄の足利茶々丸《ちゃちゃまる》がクーデターを起こし、円満院と潤童子を殺害、第二代の堀越公方となる。茶々丸は実力によって政知の跡を継いだことになる。

それにより駿河国の情勢が不安定化したため、北川殿の要請により、早雲は再び下向したとされる。また早雲は最初の下向のとき、今川氏親擁立に協力した足利政知に仕えてその直臣にあたる奉公衆となり、伊豆に田中郷（伊豆の国市）や桑原郷（函南町）を所領としてもらっていたと伝わる。これら政知に与えられた所領を茶々丸に奪われたことも、背景にあったとされる。早雲は明応元年（一四九二）ごろに幕府家臣としての役職を、「申次衆」から「奉公衆《ほうこうしゅう》」に変える。地方に出向しても活動できる「奉公衆」に、役職に変えてもらったものとされる。

このころ、京都では戦国時代の始まりとも評価される大きな政変が起きる。明応二年（一四九三）の明応の政変である。第一〇代将軍足利義材《よしき》（義稙《よしたね》）に対し、細川政元―応仁・文明の乱のときの東の幕府のトップ、細川勝元の子―がクーデターを起こして義材を追放し、足利義澄《よしずみ》を第一一代将軍に据える（則竹雄一『古河公方と伊勢宗瑞』、他）。義澄は、実は足利政知と円満院の間の子、潤童子の兄にあたる。京都の新将軍義澄にとって、堀越公方の足利茶々丸は実母と実弟の敵《かたき》になった。かつて足利政知と結び義澄を擁立する立場にあった早雲は、足利義澄と細川政元の承認を得て下向したともいわれる。ただ、茶々丸を討てとの幕命を受けたとまではいえないようである（森幸夫「乱世に立ち向かう」）。

ともあれ駿河国に下向した早雲は、山内上杉氏・足利茶々丸と連携する甲斐国《かいのくに》（山梨県）の武田氏による内乱に介入したのち、明応二年（一四九三）、伊豆に攻め入る。同時代史料に準ずる史料に、次のようにある。

駿河国より伊豆に、打入（討ち入り）である。

『勝山記』

近世初期の軍記物に、「伊勢新九郎と葛山《かずらやま》を大将として千余騎」が派遣されたと伝わる（『今川記』）。大将の早雲に、今川氏親により駿東郡《すんとうぐん》（およそ裾野市・長泉町・沼津市）南部の葛山氏が援軍としてつけられ、伊豆に侵攻したとされる。これに際して早雲は、茶々丸の後ろ盾の山内上杉氏と対抗関係にあった扇谷上杉氏との連携を成立させている。駿東郡北部と隣国相模国《さがみのくに》（神奈川県の大部分）西部を支配する大森《おおもり》氏を服属させている扇谷上杉氏との連携は、伊豆侵攻に不可欠であった。

早雲は、堀越公方足利茶々丸の本拠の北条御所（伊豆の国市）を中心とした伊豆の北部を制圧した。次の同時代史料の、明応四年（一四九五）二月五日までには制圧していたとされる。

狩野道一《かのうどういつ》への対処について、（著者注　伊東伊賀入道の）忠節が抜きんでていた。そうであるため、その忠功のため、伊東七郷のうち本郷村を与えるものとした。きちんと支配するように。よって以上である。

明応四年二月五日　宗瑞（花押）

伊東伊賀入道殿

宗瑞こと早雲が、花押《かおう》つまりサイン（以下、同じ）を据えた史料である。伊豆中部の大敵、柿木郷（伊豆市）の狩野道一と敵対したこと、つまり早雲に味方していることを忠節であると評価し、伊東伊賀入道に本郷村（伊東市）を与えている。早雲が伊豆の北部を押さえたからここを与えることができた、というわけである。茶々丸が北条御所から逃げ、早雲がそこを制圧できたのはこの明応四年二月からさほど遠くない時期とされるが、著者も賛成である。翌明応五年の段階で「北条ノ君《キミ》」と呼ばれていて（後述）、茶々丸が北条御所から逃げて比較的間もないのでそのように呼ばれたと理解し得ること、また茶々丸が海を渡り、伊豆大島（東京都大島町）に逃れたのが明応四年であるためである。同時代史料に準じた史料の明応四年の記事から、それが窺える。

『伊東文書』

「御所」が「島」へ落ちのびなされた。この年八月に伊豆より「伊勢入道」が甲斐国へ攻め入り、「カコ山」に陣を張った。だが話し合って手打ちをして引き返した。

『勝山記』

「御所」が足利茶々丸、「島」が伊豆大島とされる。著者が想像するに、茶々丸は北条御所の東にそびえる山の峠を越えて伊豆の東海岸へ行き、いくつかある東海岸の湊のどれかから海を渡ったであろうか。八月には伊豆から伊勢入道こと早雲が甲斐国（山梨県）に侵攻して「カコ山」（籠坂付近か、山梨県山中湖村）に陣を張るが、すぐ和議を結び引き返している。伊豆大島に逃れた茶々丸は甲斐国に行き、武田信縄《のぶつな》—有名な武田信玄の祖父にあたる—を頼ったとされる。この侵攻は、甲斐国に逃れた茶々丸を早雲が攻めたものである可能性が高いとされている。

またこの史料は、「伊勢入道」こと早雲が伊豆に居を構えたことが窺える、信頼が置ける史料の初見でもある。このころ早雲は韮山城（伊豆の国市）を本拠としたとされる（黒田基樹編『北条氏年表』）。茶々丸を追った北条御所の東の山、その麓にある丘に早雲が築いた城である。この時期に早雲は出家していて、「早雲庵宗瑞」を名乗っていた。同時代史料では明応三年（一四九四）八月の史料に平氏の「早雲」として現れ、それまでには出家していたことが確認される。

伊豆侵攻により京都への帰還が難しくなった早雲が、幕府の家臣を辞めて今川家の一員となり、甥の今川氏親の軍事行動や領国支配を補佐することに専念するためとされる。早雲は終生、のちに伊豆と相模国の国主となっても、今川氏親を主人と仰いでいたことはよく知られている。

早雲の立場の変化により、京都にいた妻子や親族、家臣たちが呼び寄せられることになったとされる。のちに二代目当主となる嫡子氏綱、早雲の片腕となる弟の伊勢弥次郎《やじろう》、家臣の大道寺《だいどうじ》氏・山中《やまなか》氏・荒木《あらき》氏・多米《ため》氏・有滝《ありたき》氏などである。明応四年（一四九五）四月には大道寺氏・山中氏・荒木氏の下向、翌明応五年には伊勢弥次郎の下向が、同時代史料で確認されている。

早雲の小田原城攻略と伊豆平定

早雲は伊豆に侵攻する一方で、足利茶々丸の後ろ盾となっている山内上杉氏との抗争も行う。連携した扇谷上杉氏当主の要請により、援軍として出陣し、相模国と武蔵国《むさしのくに》（横浜市の大部分、川崎市、東京都、埼玉県など）とを転戦する。

そうしたなか、扇谷上杉氏に属する大森氏に異変が起こる。小田原城（神奈川県小田原市）を本拠としていた大森氏は明応三年（一四九四）、当主の大森氏頼《うじより》が没し、後継者争いが起きたようなのである。それに乗じて、何と早雲は明応四年九月に小田原城を攻略するのである。そのことが、同時代に準じた史料に書かれている。

伊勢早雲が、大森入道の小田原城を攻め落とした。

『鎌倉大日記』

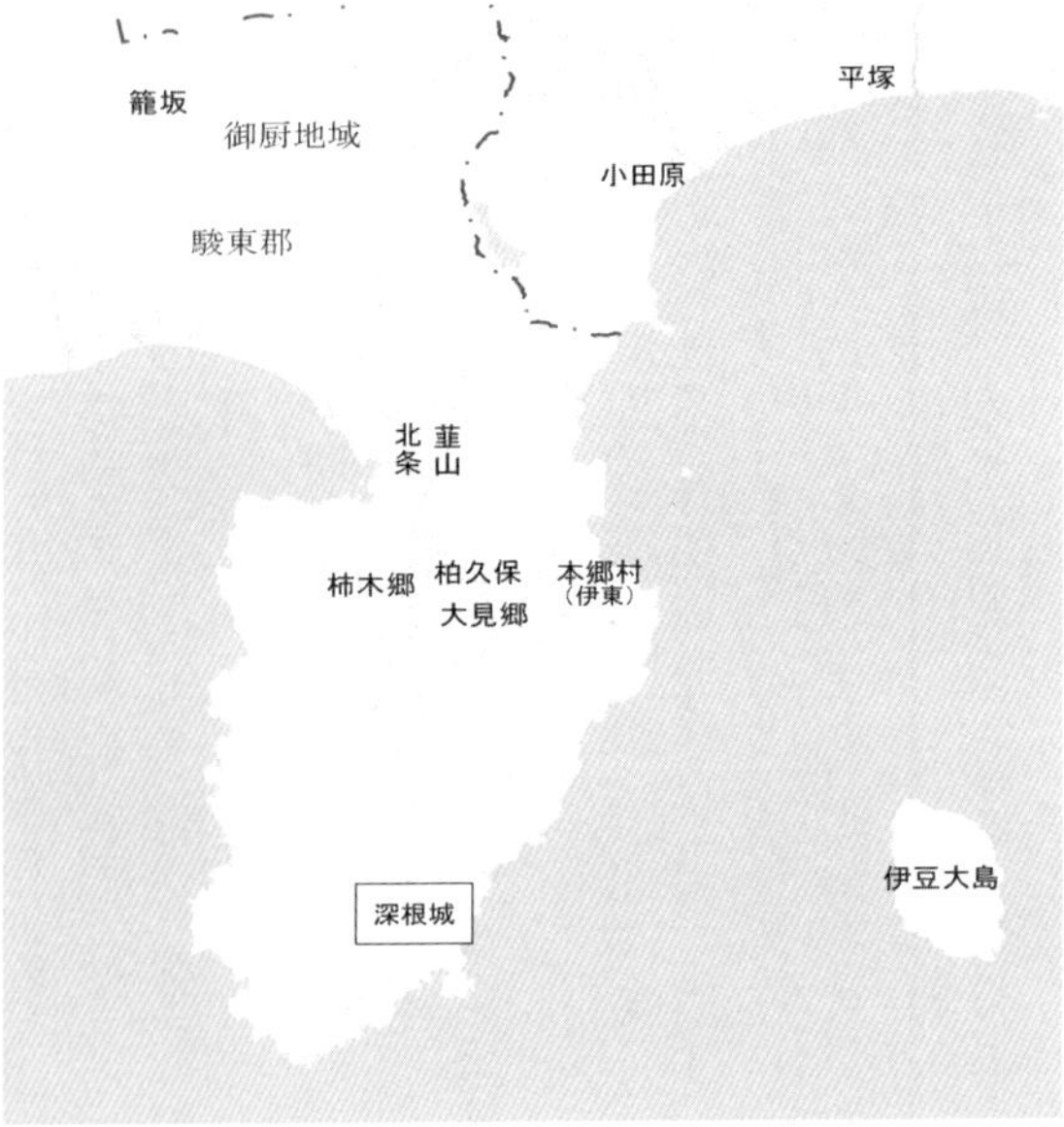

図 3　早雲の伊豆侵攻
（国土地理院ウェブサイト白地図を加工）

図3に示すのは早雲の伊豆侵攻地域である。大森入道は大森氏頼だろうか。氏頼が前年に亡くなっていたことが、この史料を書いた人に認識されていなかったかもしれないと、二〇二二年の論文では考えた。だが、もしかすると、「大森入道こと大森氏頼が城主であった小田原城」、というほどの意味だったのかもしれない。それはともかく、早雲の小田原城攻略は、「扇谷殿」こと扇谷上杉氏当主の上杉朝良《ともよし》の不信を買ったらしい。近世の軍記物語に、次のように伝わる。

小田原の城は扇谷殿の領分であったので、たいそう驚いて、領国の軍勢をもってお攻めになるであろうと（著者注　の風評が）聞えてきた。であるので早雲は、賢い謀《はかりごと》として扇谷殿に使者を立て「まずは服属させて頂き、ご命令に従います」との趣旨で（中略）仲直りを再三求めた。それで扇谷殿は信用したのだろうか、小田原もお攻めにならなかった。

『北条記』

それまで連携していた上杉朝良に攻められそうになった早雲は、朝良に服属し、その命令に従うことを条件にそれを回避したらしい。早雲を攻めることを止めるかわりに朝良が下した命令はおそらく、小田原城の新しい城主に大森氏の一族を据えることであった。扇谷上杉氏は「小田原に大森式部《しきぶ》少輔《のしょう》を置いた」と伝わる（『永享記』）。大森式部少輔は大森氏の一族であり、かつての大森氏本家の当主を連想させる通称をもつ。かつての本家は、氏頼の前に小田原城の城主であったが、氏頼との対立により没落していた。

早雲は大森氏の一族を城主に立て、大森氏の後継者争いを解決したかたちとなった。ただ伊勢氏が小田原城から退去したわけではなく、早雲の片腕ともいうべき弟、伊勢弥次郎が城に残った。小田原城は大森式部少輔を城主、伊勢弥次郎を軍事指揮官として「共同統治」されるようになった。

しかしそれからほどなく、小田原城は山内上杉氏に攻められ落城する。そのことは明応五年（一四九六）のものとされる、次の同時代史料に現れる。

（前略）大森式部少輔・上杉朝昌《うえすぎともまさ》・三浦道寸《みうらどうすん》・太田《おおた》六郎右衛門尉《ろくろううえもんのじょう》・上田《うえだ》名字中《みょうじちゅう》、ならびに伊勢新九郎入道《にゅうどう》の弟弥次郎の城が「自落」して、相模国西部が一変した。相模国東部に行き陣を進め、上田左衛門尉《さえもんのじょう》の城である「実田」に陣を進めたところ、上杉朝良が迎え撃ってきた。（中略）詳しくは重ねて申し送るだろう。恐々謹言。

七月廿四日　　顕定（花押）

長尾《ながお》信濃守《しなののかみ》殿

『小田原城天守閣文書』

山内上杉氏の当主上杉顕定《あきさだ》が、親族の越後上杉氏の家老のような立場にいた味方の長尾信濃守こと長尾能景《よしかげ》――有名な上杉謙信《けんしん》の祖父にあたる――に出した、いわゆる戦況報告の手紙である。

大森式部少輔、伊勢弥次郎、援軍として来ていた扇谷上杉氏当主の実父で当主を後見したとされる上杉朝昌、扇谷上杉氏に従う三浦道寸・太田六郎右衛門尉・上田氏の軍勢が籠もる城、つまり小田原城が山内上杉氏の軍勢に攻められた。その結果小田原城は「自落」、つまり大森氏ら守備側が自ら城を退去した。このとき大森式部少輔は山内上杉氏側に転じたとされる（黒田基樹『戦国大名・伊勢宗瑞』）。小田原城の落城により相模国西部の情勢は一変した。そして山内上杉氏は軍勢を東に進め、扇谷上杉氏の当主上杉朝良の軍勢と「実田」、おそらく真田《さなだ》城（神奈川県平塚市）で対峙した。

この戦いは、相模国での戦闘だけでなく、山内上杉氏に甲斐国の足利茶々丸がつき、連携して大森氏の領国であった駿東郡北部、御厨《みくりや》と呼ばれた地域に侵攻した大規模なものだったともされる（黒田基樹『今川氏親と伊勢宗瑞』）。同時代に準ずる史料の明応五年の記事に、次のように記される。

> この年に「北条ノ君《キミ》」が武蔵国より甲斐国都留郡吉田《つるぐんよしだ》の正覚庵《しょうがくあん》へお移りになって「富士」へ「御出」で、（また）この年に早雲の弟である弥次郎が、七月に家来たち多数とともに討死した。
>
> 『勝山記』

「北条ノ君」は足利茶々丸、武蔵国から甲斐国都留郡の吉田（富士吉田市）の正覚庵という寺院に移り、「富士」においでになった、ということである。従来は「伊豆諸島にいた茶々丸が、武蔵国から吉田の寺院経由で富士山に戦勝祈願の参拝をした」、つまり一時的な滞在という解釈だった（黒田基樹編『北条氏年表』、池上裕子『北条早雲』、他）が、近年は伊豆大島から吉田に居を移していた茶々丸が駿東郡北部の御厨に侵出したという、先ほど述べた理解も出されている。

小田原城の戦いがその後どうなったかは不明である。だが山内上杉氏の軍勢は小田原から去り、そして援軍の扇谷上杉氏方軍勢も、本拠のある東方におそらく去り、小田原城は軍事的に空白地域となった。その隙を突いて、大森氏と異なりまだおそらく扇谷上杉氏方であった伊勢氏は、即座に再び小田原城を占拠した可能性が高い。目立った戦いはなかったかもしれない。

小田原城をどのように取ったかは、二〇二二年の論文では述べなかったが、伊勢弥次郎がすかさず占拠したのかもしれない。弥次郎は、小田原城を「自落」した戦いで、右の史料にあるように戦死したともされたが、実は生きていたことが、後に示す同時代史料によって知られる。

ともあれ、こうして明応五年（一四九六）七月ごろ、小田原城は名実ともに伊勢氏の城となったと推測される。早雲は二段階の侵攻で小田原城を攻略したともいえる。山内上杉氏方に転じた大森氏一族との戦いが明応九年（一五〇〇）まで続くものの、早雲は伊豆の一衣帯水《いちいたいすい》―きわめて近接した―の地、自分の領国の背後にあたる重要な拠点、次代以降は本拠地となる小田原城を押さえたということになる。伊豆北部と小田原は、三島から箱根を通る陸路だけでなく、後にも述べる韮山から山越えプラス海路のルートもつながっている。後者が、韮山を本拠とする早雲からすればメインのルートだったかもしれない。

このように領国の背後を固めた早雲は、伊豆の平定を目指して伊豆の中部・南部に侵攻することになる。だが伊豆中部の狩野（伊豆市）の狩野道一が中心となり、南部の関戸吉信《せきどよしのぶ》とともに頑強に抵抗し、一進一退の攻防が数年間続く。


「長年《ながねん》」の籠城、喜ばしいことである。その郷の「堅固」が大切である。詳しくは「弥二郎《やじろう》」と大道寺が申すであろう。謹んで述べる。

明応六年、丁巳の年、十二月五日　「御判《ごはん》」

大見三人衆《おおみさんにんしゅう》中

『大見三人衆由来書』

大見郷（伊豆市）の三人の土豪である大見三人衆に、干支《えと》は丁巳《ひのとえ》の年、早雲が明応六年（一四九七）に出した手紙であり、正確にいえばその写《うつし》（コピー）である。「御判」は花押、ここに早雲の花押があったということである。早雲の家臣「弥二郎」と大道寺が手紙を届け、詳細を大見三人衆に告げる。大道寺は早雲の重臣大道寺発専《ほっせん》、「弥二郎」は早雲の片腕、弟の伊勢弥次郎とされる。この同時代史料により、弥次郎は前年の小田原での戦いでは死なず、その生存が確認されたというわけである。ちなみに弥次郎はこの一連の戦いで負傷し、武将として活動できるような状態ではなくなり出家し、のち大永二年（一五二二）に死去した（黒田基樹『伊勢宗瑞論』）。

さて右の手紙で、早雲は大見三人衆の籠城について賞する。その郷つまり大見郷にある城郭、大見城（伊豆市）への籠城である（静岡県埋蔵文化財調査研究所編『大見城跡』）。そこを「堅固」つまり固く守ることが大切、とも早雲は述べている。「長年」、少なくとも前年の明応五年から大見城を守っていたということになる。狩野道一ら足利茶々丸方が少なくとも前年から攻勢に出ていて、早雲は守勢に回り続けていたとされる。他の同時代史料からも、この明応六年（一四九七）に伊東（伊東市）を攻められたり、次のように柏久保《かしわくぼ》（伊豆市）で合戦になっていたことがわかる。

こたび「柏窪」で一戦のとき、忠節が比べようもないものであった。（中略）伊豆の「奥」と「中」が手に入ったならば、別に加えて給与を与えるだろう。各々を頼もしく思っている。いよいよ忠功に励むように。よって以上である。

明応六年、丁巳の年、四月二十五日

佐藤藤左衛門《さとうとうざえもん》殿
梅原六郎左衛門《うめはらろくろうざえもん》殿
佐藤七郎左衛門《さとうしちろうざえもん》殿

『大見三人衆由来書』

「柏窪」は柏久保のこと、宛名の三人は大見三人衆である。そして、伊豆の「奥」と「中」とは伊豆南部と中部である。早雲はこの地域は侵攻している、もしくは侵攻しようとは考えているが、未だ手に入っていないことがわかる。この伊豆中部や南部ではむしろ、かえって茶々丸方が有利であり、早雲は守勢に回っていた。これが基本的な情勢とされる。

しかし、明応七年（一四九八）になると情勢が変わる。正月に狩野道一が自刃したと伝わり（池上裕子『北条早雲』）、同年八月足利茶々丸が滅亡したことが、同時代史料に準じた史料の記事からわかる。

「伊《い》豆《ず》ノ御《ご》所《しょ》」が腹をお切りなされた。伊勢早雲の御敵ということで。

『王代記』

「伊豆ノ御所」こと足利茶々丸が自刃して滅亡し、ここに伊豆は平定され、早雲は伊豆国主となった。茶々丸が死亡した場所は諸説あり、伊豆南部とも、駿東郡北部の御厨とも（黒田基樹『戦国大名・伊勢宗瑞』）いわれる。前者の説は近世の軍記物、茶々丸のものと伝わる墓の存在などいくつかの傍証を、後者の説は明応五年に茶々丸が御厨に進出していたことを根拠とする。

しかし著者が思うに、後者の説は積極的な根拠が傍証すらなく、いってしまえば状況証拠しかない。明応五年の「富士」への「御出」にしても、御厨への侵出ではなく、従来からいわれていたように、戦勝祈願のための富士参拝であった可能性もある。

しかも、右の記事をみるに、明応七年（一五九八）の段階にもなって「伊豆」の御所と、茶々丸が伊豆にいないのに、果たして呼ばれるものなのであろうか、という疑問が湧く。確かに、先ほど述べたように明応五年（一五九六）には「北条」の君と呼ばれていた。だがこれは、北条御所を退去して間もない段階のことと理解し得る。それが数年後、明応七年ともなると、どうなのであろうか。伊豆を去って何年も経ち、駿東郡北部の御厨や甲斐国に長年いたのならば、そこの居所の地名を冠した「〜御所」「〜君《きみ》」「〜殿」「〜様」というような名で、右の記事でも呼ばれたのではなかろうか。例えば、のちに古河公方《こがくぼう》―平たくいえば、戦国時代における関東の将軍のような存在。古河公方に対抗するかたちで設置された堀越公方と同じ足利一族―が葛西城《かさい》（東京都葛飾区）に居住したときに「葛西様」と呼ばれた（佐藤博信「古河公方足利義氏についての考察」）ように。

以上より著者は、足利茶々丸は甲斐国や駿東郡から伊豆南部に移り、そこで敗死したと理解しておく。伊豆南部には、明応五年に富士参拝から帰ってきた、もしくは翌明応六年ごろに優勢になったことを受けて帰ってきたと理解する。

茶々丸が伊豆南部で没したとすると、狩野道一を失った茶々丸の最後を支えたのは、深根城《ふかね》（下田市）の関戸吉信ということになる。深根城は山内上杉氏の直轄領のうちにあり、関戸は山内上杉氏の代官であったとされる。そして茶々丸の滅亡と運命をともにしたといわれる。明応七年（一五九八）八月二五日に起きた東海沖大地震・大津波で味方が深刻な被害を受けるなか、形勢逆転を恐れた早雲が地震直後に少数の兵を率いて松崎《まつざき》（松崎町）地区に海路急行し、短時間のうちに被災住民を駆り催して、深根城に押し寄せたともいわれる（家永遵嗣「北条早雲の伊豆制服」）。

宇野氏の伊豆下向、お酒の献上、屋敷拝領と代官任命

さて宇野氏に話を戻そう。早雲が支配を始めた伊豆に宇野氏は下向したわけだが、なぜ下向したのだろうか。著者は、宇野氏が京都にいたころから伊勢氏と何らかの関係をもっていて、それが下向に寄与をしていた可能性を指摘したことがある。早雲は、先にも述べたように、伊勢氏のなかで重きをなした備中伊勢氏である。宇野氏が伊勢氏と被官関係（主従関係）を結んでいて、それにより酒屋としての技能を買われて招かれたものか、宇野氏が京都で被官（家来）であったという伝手《つて》を辿って、いわゆるビジネスチャンスを自ら求めて、早雲が国主となった

伊豆国へ下向したのか、はたまた、実は宇野氏は備中伊勢氏の被官であって、それによって伊豆国に連れてこられたのか。いくつか可能性を想定でき絞り切れないが、少なくとも、宇野氏の伊豆下向に、伊勢氏との関わりが寄与した可能性がある（伊藤拓也『韮山江川氏の出自と下向』）。もしかすると、早雲が家臣を伊豆に呼び寄せた明応四年（一四九五）ごろに、宇野氏も下向したかもしれない。

ともあれ宇野氏は、韮山にほど近い内中に居を定め、江川氏を名乗った。そのときの江川（宇野）氏に関し、近世初期の系図『寛永諸家系図伝』で、次の二つの伝承が語られている。鎌倉時代の話として、「初代」の宇野英治は韮山でお酒をつくり、これを北条時頼《ときより》（鎌倉幕府第五代執権《しっけん》）が飲んで感激したと伝わる。また「第一〇代」英元のときの話として、早雲が江川氏のつくる酒を愛して「酒部屋《さかべや》」をつくり、酒を「江川」と命名したと伝わる。

これらの伝承は、すべて早雲のときの話だったと著者は想像している。初代の話は鎌倉時代の北条氏と戦国時代の伊勢（北条）氏との混同があったと理解する。もちろんこの両者は別物であり、前者は伊豆の平氏、後者は伊勢（三重県）の平氏で有名な平清盛の末裔ということになっている一族である。ご存知の方もいらっしゃると思うが、戦国時代、早雲が伊豆に下向して国主となった（前述）。その子の氏綱が名字を伊勢から北条に替えて、鎌倉時代の北条氏の継承者・子孫ということにしたのである。関東の敵対勢力にいわゆるネガティブキャンペーンを張られたことへの対応策とされる（佐脇栄智『後北条氏と領国経営』）。

江川氏のお酒に感動した人物として鎌倉時代の北条氏のなかから時頼が選ばれた理由は、随筆『徒然草《つれづれぐさ》』の味噌でお酒を飲むエピソードや、謡曲『鉢木《はちのき》』の廻国《かいこく》伝説によって、地方にふらりと立ち寄り、お酒を飲みそうなイメージが時頼にあったためだろうか。英元の話も合わせ、すべて戦国時代の早雲のころ、江川氏でいえば「第七代」英住や「第八代」英盛あたりの話と理解すれば、一応の辻褄は合わせられる。この近世初期の系図の伝承から、筆者は次のように想像する。京都から伊豆に下向し、内中に土着した土倉・酒屋の宇野氏改め江川氏が、お酒をつくり早雲に献上した。早雲はそれを飲み感激し愛した。そして、そのお酒を「江川」と命名し「酒部屋」をつくらせた。

この想像の真偽はともかく、この「酒部屋」は、今の江川邸の前身にあたるとされる（重要文化財江川家住宅修理委員会編『重要文化財江川家住宅修理工事報告書』）。実際にお酒もつくったであろう屋敷である。その屋敷（以下、江川邸）について、著者は次のように理解している。早雲が韮山城の東側につくり、江川氏に与えた。それが江川邸となった。それに伴い江川氏は本拠を、内中から早雲に与えられた江川邸に移転させた（伊藤拓也「韮山江川氏の出自と下向」）。

江川氏は、早雲にお酒を献上して屋敷を与えられたわけだが、それだけではない。『寛永諸家系図伝』には、早雲が江川氏に所領《しょりょう》を与え、代官に任じたと解釈し得る伝承が伝わる。実際、後にも述べるように、江川氏は北条氏に、韮山から離れた所だが所領を与えられた（立野郷）。そして韮山周辺の村々の代官にも任じられている（伊藤拓也「韮山江川氏の出自と下向」）。京都の土倉や酒屋が荘園の請負代官《うけおいだいかん》（いわゆる徴税請負人《ちょうぜいうけおいにん》〔『日本荘園史大辞典』〕）に任じられることがあることは、すでに知られている。早雲は、京都で土倉・酒屋であった江川氏の資金力や算術《さんじゅつ》、金融業としての債権回収や資産運用などのスキル・能力を見込んで、自らの直轄地《ちょっかつち》の、おそらく複数の郷村の代官に任命したと理解できる（伊藤拓也「韮山江川氏の出自と下向」）。

考えてみれば、算術からして当時は特殊技能であったように思う。計算に古代以来の算木《さんぎ》（『国史大辞典』）を用いていたのか、室町時代に伝わり近世初頭には広まったそろばん（二階源市『新定珠算教授ノ実際』）を用いていたのか、もしくはその両方を用いたのかは不明だが、誰でもできるものではなかったことは想像にかたくない。

そろばんを用いた算術が一般に広まったのは、下って近世初期、『塵劫記《じんこうき》』という算術の教科書が出版されて、今でいうベストセラーになったのちのことである。九九のほか、米の値段の計算、両替の計算、三角形に積んだ俵の数の計算、蔵への俵の収納可能量の体積計算、土地の面積計算、土地から取られる租税額の計算、測量などなど、日常生活に使える算術を説いた書である（鈴木将史『吉田光由『塵劫記』に見る算数教育の伝統と未来』、他）。

『塵劫記』の筆者は吉田光由《よしだみつよし》、京都の土倉、角倉《すみのくら》氏の一族である。この一族のもつ算術を「吉田流算術」という（和算研究所編『和算百科』、他）。「吉田流算術」は中世後期に遡ることができ、土倉や寺など金融活動をする人々が算術を修めていたという（佐藤健一「和算における日用数学の成立について」）。『塵劫記』はそうした算術のノウハウを一般に広めた書といえようか。やはり戦国時代、算術は限られた人のみが使える特殊技能であったといえそうである。

そうした算術を用いた資産運用や債権回収となると、なおさら貴重な技術であったといえよう。もし請負代官の経験があったならば、たとえば算用状《さんようじょう》と呼ばれる税の収支決算の報告書を書くスキルもあったはずである。江川氏は京都で少なくとも酒造業はしていたので、算術と、それを用いた店の経営に関わる資産運用や債権回収のノウハウはもっていたと思われる。こうした特殊技能、特に本場の京都仕込みの技能となると、できる人材は東国では限られていたであろう。江川氏に、韮山近くの自らのお膝元というべき地域の村々の代官を一手に任せたのも、当然のことといえるかもしれない。

江川邸にみる江川氏の軍事的な役割と働き

江川氏が代官であるということは、江川邸が江川氏の代官屋敷《だいかんやしき》となったということでもある。齋藤慎一氏の研究によると、江川邸のある場所は、戦国時代、韮山城の東側の要所であった。城主や有力家臣の屋敷、そして伊豆国の郡代《ぐんだい》―北条氏の領域支配を担う家臣―の代官屋敷

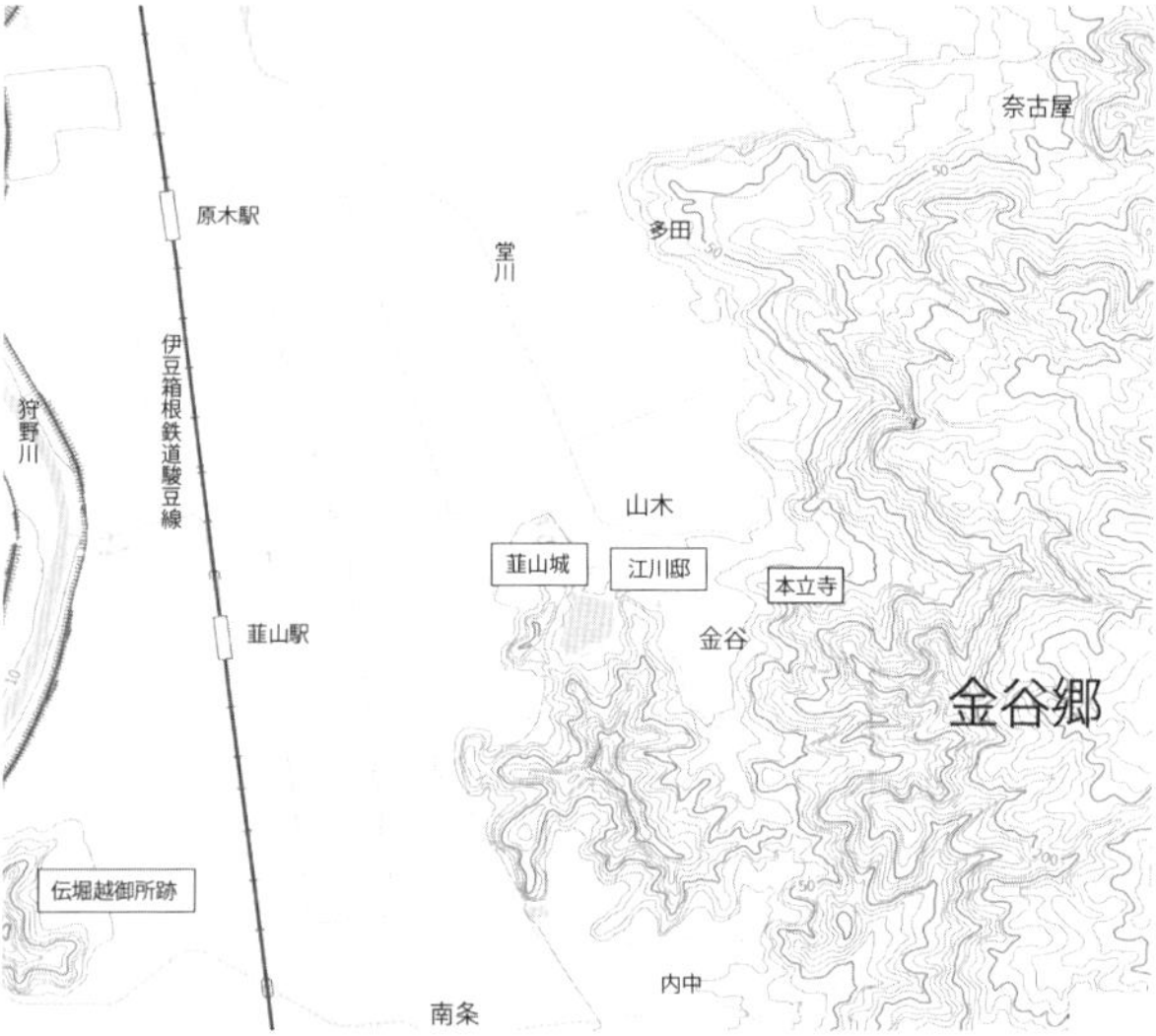

図 4　現在の韮山周辺と江川邸
（国土地理院ウェブサイト白地図を加工）

などが集まる「中心となる居住空間」の一角らしい。齋藤氏は居住空間の推定候補地をいくつか挙げるが、江川邸はその最も東側にある。しかもそこは、小田原城（神奈川県小田原市）から延びる当時の主要幹線の突きあたり、韮山城正面の「内宿」（城内の町場）の山木（伊豆の国市）と韮山城に関係する要地であったとされる（齋藤慎一『中世東国の信仰と城郭』）。現在の韮山周辺に、当時の地名等を落とし込んだものを**図4**に示す。

現代ならば、韮山や伊豆中部から小田原つまり関東方面に行くとすると、通常はすべて陸路、北上して三島（三島市）を経て東に進み、箱根の山を越えるルートを取るであろう。しかし当時はかなり違っていたようなのである。北上せずにいきなり東側の山を超えて伊豆の東海岸に出て、そこから船で小田原に行くルートがむしろ主流であったように思える。戦国時代の天文二二年（一五五三）、備前国《びぜんのくに》（岡山県南東部）の大村家盛《おおむらいえもり》という法華宗信徒の一行が、宗祖《しゅうそ》日蓮縁《ゆかり》の地を巡る巡礼《じゅんれい》の旅をしていた。一行は三島から北条（伊豆の国市。おそらく四日町付近）に行き、石で舗装された山道を進んで山越《やまご》えをし、日蓮縁の地である伊東（伊東市）に着いた。山道は、日も当たらない深い山道だったそうである。伊東から海沿いを北上して網代《あじろ》（熱海市）に至り、そこから船で小田原に行き、関東に向かった（『大仁町史』通史編一、榎原雅治『中世の東海道をゆく』）。北条から南下し―修善寺《しゅぜんじ》（伊豆市）あたりまでだろうか―そこから山を越えて伊東に行くルートを取ったようである。

では、韮山から直接に小田原へ行く場合はどうだったか。伊豆の東海岸の多賀《たが》（熱海市）に伝わる伝承に、次のような話がある。韮山にいた源《みなもとのよりとも》頼朝（のちの鎌倉幕府の初代将軍）が馬に乗って山伏峠《やまぶしとうげ》（伊豆の国市・熱海市）を越え、伊豆山《いずさん》（熱海市）から多賀に来ていた北条政子《ほうじょうまさこ》（のちの頼朝の妻）と落ち合ったというものである（大高吟之助『郷土多賀村史』）。もちろん、この頼朝の伝承をそのまま信じるわけにはいかない。話は平安時代の末期、中世の初期のことと設定されているが、いつ成立した話ともわからない。しかし、大村氏の事例と合せて考えると、韮山から伊豆の東海岸に直接行くとき、山伏峠を越えて多賀に至るルートが使われていたことを示す伝承と解釈できる。

これらから、韮山から小田原に行くときは次のようなルートが使われていたと理解し得る。韮山の背後の険しい山道を登って山伏峠を越えて多賀に下りて、そこから―もしくは東隣《ひがしどなり》の網代から―の船、つまり海路で小田原に向かうルートである。そのルートを逆に辿って小田原から韮山に来たとき、韮山の「正面玄関」といえるところに江川邸はあったというわけである。小田原城は、早雲が明応四年（一四九五）と翌明応五年の二段階で攻略し（伊藤拓也「伊勢（北条）早雲の小田原城攻略について」）、よく知られているように、のちに伊勢（北条）氏の本拠となるところである。よって早雲のころ、特に伊豆国主となったころから、江川邸は韮山の「正面玄関」であったと考えられる。というより早雲が、占領した小田原と本拠地の韮山とを結ぶこのルートを主要幹線として整備して、江川邸を韮山城の「正面玄関」と設定したのかもしれない。

そして江川邸の背後には、これは早雲のころからかどうかはわからないが、「江川砦《えがわとりで》」などと呼ばれる防御施設がつくられた。その防御施設と江川邸とが合わさって、よく知られているように、有事の際に韮山城の東側を防衛する機能を果たした。早雲が江川氏に有事の際、韮山城の東側の「正面玄関」を防衛する働きも期待して江川邸を与えた可能性は高いと思う。江川氏は先に述べたように、京都の町衆出身である。十分な武装と戦闘能力を有していたと推測される。江川氏が京都を去り伊豆に下向した後の話だが、動員力数一〇〇〇を数える洛中（京都市街)最大の軍事組織となった法華一揆が、天文元年(一五三二)、町衆の法華宗信徒を主力として、本圀寺を中心に初めて蜂起した(藤井学『法華衆と町衆』)。江川氏は本圀寺に帰依する法華宗信徒の町衆であった(第七章で詳述)。もし江川氏が京都にいたら、法華一揆の主力の一つとなっていただろう。そのように戦う能力もあったと考えるほうが自然である。法華一揆を巡る経過をみるに、特に拠点を守る防衛・防御戦に長けていたと理解すべきであろう。韮山城の「正面玄関」を防衛する使命を果たすのに、江川氏はうってつけの存在であったようにすら思える。

早雲の孫である北条氏康《うじやす》の代の史料に、『小田原衆所領役帳《おだわらしゅうしょりょうやくちょう》』(以下、『役帳《やくちょう》』)というものがある。永禄二年(一五五九)につくられた、北条氏の家臣団リストである。江川氏はもちろん、そこにいる。伊豆衆《いずしゅう》という軍団のなかに、江川氏の当主とおぼしき人物が配属されていた。

一　卅(三十)貫文　豆州立野　江川

『戦国遺文 後北条氏編別巻』

「江川」という人物が、「豆州」つまり伊豆の「立野」(以下、立野郷《たてのごう》)という、三〇貫文という大きさをもつ郷村を所領としている。そういう記載である。次章で述べるように、立野郷は今の下田市にある伊豆南部の郷村である。そして「江川」は、当時の江川氏当主、江川英元とされる。伊豆衆に属する江川英元は、軍事的には韮山城(伊豆の国市)に所属していたと思われる。先に述べたように、屋敷とその付近の拠点である江川邸や江川砦を守るかたちで、韮山城の守備をする任務に主にあたったのであろう。はるかのちになるが、近世初期の系図『寛永諸家系図伝』に、北条氏が滅亡する小田原合戦(一五九〇)において、江川氏が韮山城「江川曲輪」に籠り、そこを守り切ったことが伝わっている。また江川邸の裏門の扉には、そのときの弾痕とされるものが今に残っている。先に述べた早雲が江川氏に期待した役割を、北条氏滅亡のとき、きちんと江川氏は果たした、そういうことになるだろうか。

ただ、江川氏は韮山城の守備だけをしていたわけではなさそうである。江川氏の当主や一族家臣が、北条(伊勢)氏家臣として軍事的に働いた形跡もいくつかある。近世後期の系図の伝承だが、伊豆に下向したとみられる江川英住は、早雲に従い戦功があったと、『寛政重修諸家譜』に伝わる。そして近世初期の軍記物語『北条五代記』には、「江川兵衛大夫」が第一次国府台合戦(一五三七)で先駆《さきが》けの功を挙げたと伝わる。前章で述べたように兵衛大夫は当主とは思えないが、江川氏一族の人物である可能性はある。また、これも前章でも触れたように、江川氏の家臣の可能性がある「宇野殿」が戦功を挙げている。そして『寛政重修諸家譜』には、江川英吉(英元の子)が小田原合戦のとき徳川氏の家臣小笠原安次《おがさわらやすつぐ》父子を討ち取ったと伝わる。実際に安次が討ち死にしたのは天正一〇年(一五八二)九月に三枚橋城《さんまいばしじょう》から松平康親《まつだいらやすちか》率いる軍が伊豆を攻めた戦いのときで、三島（三島市）付近で小笠原らは刈《かり》田《た》狼藉《ろうぜき》（敵地の田畠を刈り取る略奪行為）をしていた。そして深入りし過ぎたところを北条氏方の「かまり」が討ち取った。そのように、近世初期の記録『石川正西聞見集《いしかわしょうさいぶんけんしゅう》』に伝わる。「かまり」つまり伏兵として小笠原を討ち取ったのは江川英吉であった可能性がある。ちなみに安次の子については、『寛永諸家系図伝』に三方《みかた》ヶ原《はら》の戦い（一五七三）で戦死した小笠原安広と負傷した小笠原安勝が伝わり、安次とその子が同時に戦死した旨の伝承は、このあたりの混同があるとみられる（伊藤拓也「韮山江川氏の出自と下向」）。

これらの傍証からして江川氏は、韮山城の守備、城の「正面玄関」を守ることを主な任務としながらも、もちろん北条方の軍勢として戦争に従軍して手柄を挙げることもあったようである。

まとめ―江川氏の伊豆下向

この章では、伊豆の新しい国主を伊勢宗瑞ではなく早雲と呼ぶべきと主張したのち、その早雲の出自と下向、そして早雲が伊豆に侵攻して五年ほどかけて国主になる過程について述べた。そののち江川氏について、京都の土倉・酒屋の宇野氏が伊豆に下向して名字を江川に改め、新しい国主である早雲の許で、さまざまに働いた様相について述べた。江川氏についてまとめると、次のような理解となろう。

京都から伊豆国に下向した宇野氏は、韮山の南の、内中とのちに呼ばれる地域に居を定めた。そこを流れる川の名前を取って、名字を江川と改めた。江川氏は京都の町衆から伊豆の土豪に転身した。江川氏は、その川の水でお酒をつくり、伊豆の新しい国主である早雲にそれを献上した。早雲は江川氏を家臣とし、韮山周辺の村々の代官に任命し、「酒部屋」として韮山城の東側の一角に屋敷を与えた。その屋敷は、いわゆる江川邸である。江川氏はそこに本拠を移し、お酒をつくり早雲に献上し続けた。そして江川邸を代官屋敷として、韮山周辺にある早雲の所領の代官を務めた。

京都の町衆であった江川氏には戦闘能力—特に拠点を防御する能力—もあったと推測され、当時の土豪によくあるように、ときに侍（武士）として軍事的にも働いた。江川氏の主な任務は韮山城の防衛だったとみられる。早雲が与え江川氏が本拠とした江川邸は、韮山城の東側の要地であった。早雲が明応五年に名実ともに手に入れた小田原から、韮山に来るときの「正面玄関」のようなところに江川邸は位置していた。江川氏にとって、自らの屋敷を守ることが、すなわち韮山城の防衛となったのである。

お酒を献上し、直轄地の代官を務め、韮山城の「正面玄関」を守備した。これら江川氏の早雲への働きは、もちろんその前歴を買われたものと理解できる。京都で土倉・酒屋を営んでいたことで培われた技術やノウハウ、そして資金力である。江川氏は、算術や資産運用など、当時は特殊だったであろう技能をもっていて、もしかすると荘園の代官の経験もあり、郷村の代官ができた。そして軍事的にも、少なくともそれなりには働いてくれる、そして何より早雲にとっては、若き日にいた京都の、もしかすると馴染んだ味のお酒をつくってくれる、京都の馴染みの存在であった可能性すらある。早雲が、そうしたいくつかの分野において即戦力といえる能力をもったであろう江川氏に目を付けて登用したことは容易に想像できる。というよりも、重用してさまざまに働いてもらうよりほかに手がなかったようにさえ思えてくる。そのために、早雲が京都から江川氏を伊豆に招聘した可能性すらある。

さて、ご存知の方も多いと思うが、早雲は伊豆国だけでなく相模国も平定したのち、永正一六年（一五一九）に没し、次代の氏綱のときに伊勢氏の名字を北条氏に変え、その後も氏康《うじやす》・氏政《うじまさ》・氏直《うじなお》の三代、戦国時代の終わりまで、戦国大名の北条氏は続くことになる。江川氏はその間ずっと、北条氏家臣として働いて土豪から領主に成り上がり、北条氏直轄地の代官を務め、江川酒を提供し続ける。その一方で、自らの故地である京都とは独自の交流をもつ。そうした江川氏の営為について、わかることを一つずつ、章を改めて述べていきたい。

第四章　領主に成り上がる―立野郷と金谷郷

ひとかどの侍（給人）となる―立野郷

江川氏の営為についてまず挙げることは、土豪から領主への成り上がりである。江川氏は、これは後でも述べるように稀有《けう》なことだが、本拠地で領主に成り上がる。ただその前に、江川氏は北条（伊勢）氏に郷村を与えられて給人《きゅうにん》、つまりひとかどの侍になっている。前章でも述べたように、立野郷という伊豆南部の郷村を、江川氏は与えられている。いつ与えられたか、同時代史料からわかる確実なところでいえば、北条氏の当主が北条氏康、早雲の孫のころである。氏康が江川氏に与えた史料、天文二〇年（一五五一）。辛亥《かのとい》の年、六月一三日付の、江川太郎右衛門尉こと江川英元に宛られた北条家朱印状、虎朱印《とらのしゅいん》と呼ばれる北条氏の判を押した、ここでは命令書である。内容を現代語訳する。

「私領《しりょう》」立野郷《たてのごう》の懸銭《かけせん》について。三十貫文の役、今年から納税する合計は一貫八百文である。このうち河川の水害で土地が流された件を報告してきたので、三分の一を免税する。

残りの三分の二の分を、毎年怠らずに（著者注　立野郷が北条氏に）納税せよ。以上である。
天文廿年辛亥　六月十三日
（虎朱印）
江川太郎右衛門尉殿
『江川文庫』

立野郷は、今の下田市《しもだし》立野にあたる郷村である（23頁図1参照）。この史料は、北条氏が江川氏にこの郷村を与えるというものではない。しかしこの立野郷は江川英元の「私領」であると明記されている。よって少なくとも、この天文二〇年の時点で、立野郷がすでに江川氏に与えられ、その「私領」、つまり所領・知行地《ちぎょうち》になっていたことがわかる。実は立野郷という郷村は伊豆に複数あり、最近までどれか絞り切れなかった。しかし、この史料を紹介した論文によって、下田の立野郷と確定した（有光友學「江川文庫所蔵 北条氏発給文書等の紹介」）。

この同時代史料は原本であり、江川文庫に現存する。そして江戸時代から、立野郷が与えられた証拠文書として扱われていたようなのである。近世初期の系図に、江川英元の事蹟の記載として、次のように伝わる。

早雲が武威《ぶい》を伊豆と相模に振るったとき、英元はこれに従い、忠義を尽くした功績があったため、領地を賜わった。その「判形《はんぎょう》」がここにある。

『寛永諸家系図伝』

「判形《はんぎょう》」、ここでは証拠の文書、今も江川文庫に現存する天文二〇年の北条家朱印状だと思われる。英元が早雲に仕えて、功績により領地を与えられたという話になっている。しかし、早雲と英元とは明らかに世代が違う。この話をそのまま信じるわけにはいかず、次のように理解すればよいだろうか。

近世初期、江戸幕府の命令で系図をつくり幕府に提出した段階で、江川氏に伝わっていた伝承は、早雲が江川氏に立野郷を与えたというようなものだった。だが、残された証拠文書で一番古いものは、当時においても天文二〇年の英元宛の北条家朱印状であった。近世初期からみてもかなり昔のことで、人物や世代に関する混同や誤解がいろいろとあった。その結果として、「英元が早雲から立野郷をもらい、その証拠文書がこの朱印状である」というような伝承と証拠の辻褄を合わせたような話がつくられ、系図に記載された。

そうであるとすれば、立野郷を早雲から与えられて江川氏が給人、ひとかどの侍となったのは、早雲のころに遡り得る、ということになる。早雲が立野郷のある伊豆南部を支配下に置くのは伊豆を平定した明応七年（一五九八）のことだから、それ以降ということになろう。もしかすると、早雲が伊豆を平定する戦争に江川氏も参加し手柄を立てていて、その褒美として、立野郷をもらったのかもしれない。

◎北条氏の税制と懸銭

さて、この立野郷の郷高《ごうだか》つまり田畠の貫高《かんだか》は、三〇貫文《もん》であったとされている（有光友學「江川文庫所蔵 北条氏発給文書等の紹介」）。貫高は、第一章でも述べた当時流通していた貨幣である銭―中国渡来、もしくは渡来ということになっているコイン。一枚が一文―の値である。そして郷村の田畠の貫高たる郷高は、郷村の納税に関わるいわば「額面」である。年貢《ねんぐ》や公事《く(う)じ》といった郷村が負担する各種の税は、この郷高を基準として額が決められる（池上裕子『中近世移行期の検地』、他）。

北条氏の税については、次のようなことが知られる。税は直轄地からの年貢《ねんぐ》と、家臣の所領も含めた領国全域からの公事からなる。検地《けんち》という土地の調査がなされ、田畠の面積が掌握された。また、検地と同時に、棟別《むねべつ》調査・棟別改《あらため》などと呼ばれる、家の数の調査も行われた。田は一段（約一〇〇〇平方メートル）あたり五〇〇文、畠には一段あたり一六五文（夏の徴収一〇〇文、秋の徴収六五文）の基準貫高が乗じられて、郷高が決定される。この郷高から、年貢と公事の年間の納付・負担額が決められる。まず年貢は、郷高から「引分」「引物」と呼ばれる控除分が差し引かれたものが納付高となる。公事はさまざまな税からなるが、棟別銭《むなべつせん》は一間《けん》（五〇坪《つぼ》前後の家）あたり五〇文（のち三五文に変更）、段銭《たんせん》は田の貫高の八％、戦争の際に運搬のための人足を徴発する陣夫役《じんぷやく》は田畠の貫高四〇貫文あたり一疋《ぴき》（人一人＋馬一匹）の負担、土木工事に人足を徴発する大普請役《おおふしん》（著者注　大普請人足役《にんそく》とも）は田畠の貫高二〇貫文あたり一人一〇日の負担となる（則竹雄一「戦国大名の財政構造（後北条氏）」、佐脇栄智『後北条氏と領国経営』、黒田基樹『中近世移行期の大名権力と村落』、他）。田畠の基準貫高は、基本的には一段あたり田五〇〇文・畠一六五文だが、すべての郷村でそうであるわけではない。

公事にはこのほか、竹や縄などの物資を徴発される諸公事《しょくうじ》と呼ばれる、必ずしも郷高とは結びつかない税もあったことが知られている。天文一九年（一五五〇）四月、北条氏はこの諸公事を廃止して、夏と秋の二回徴収される新たな税を新設した。懸銭《かけせん》という税である（佐脇栄智『後北条氏の基礎研究』）。懸銭の税率については諸説あり、かつては田畠の貫高の六％とする（池上裕子『戦国時代社会構造の研究』）などとした。だが現在は、畠の貫高の六％という説（佐脇栄智『後北条氏と領国経営』）が有力となっている。

有力説の根拠は、主に次のようなものである。まず伊豆の長浜《ながはま》（沼津市）では二貫三〇〇文の懸銭が課されている。検地に関わる同時代の史料から畠の基準貫高を一六五文として試算すると二貫三一〇文となり、だいたい一致する。また相模国の田名《たな》(神奈川県相模原市)という郷村で懸銭は七貫四八七文、つまり一二四貫七九一文の土地に対して課されている。

　そして田名の領主(北条氏の家臣)の所領は八〇貫文と、『役帳』からわかる。『役帳』では田のみの貫高をリストアップすることがあり得る。そして近世初頭の検地から想定を重ねて田の貫高を試算すると、八〇貫三〇〇文というほぼ近似した値が出る。よって田名は田がすべて領主の所領で貫高は八〇貫文、畠はすべて北条氏の直轄地で、貫高は一二四貫七九一文。その六％の懸銭が課されたと理解すると辻褄が合う。また、懸銭は夏と秋の二回徴収される。北条氏は、年貢を田については秋の一回だけ徴収し、畠は夏と秋の二回に分けて徴収する。これらから、懸銭は田畠ではなく畠を対象として課されていると理解し得る。

　これらの根拠はいずれも試算や類推を重ねたものであり、確定というまでには至らなかった(池上裕子『戦国時代社会構造の研究』)。だが、当時あった証拠・材料から考えると、より妥当な説として有力視された。

　そして則竹雄一氏により、次のような理解・位置づけがなされた。中世の関東では公事を家(在家《ざいけ》)単位で課していたが、戦国時代に貫高制が敷かれていき、郷村を単位として課す方式に変わっていく。そうしたなか懸銭が畠を対象として課されたのは公事、特に諸公事が、かつて畠が附随する在家の単位で課されていたことに由来する(則竹雄一『戦国大名領国の権力構造』)。

ただ、在家に附属する土地は本来的には畠であるが、「田在家」などといって田をもつ在家もあったことが知られている。

◎懸銭が課される対象は何か

しかし立野郷の事例は、有力説の理解には、明らかにあてはまらない。先にも述べたように、懸銭は田畠の貫高六％の課税と考えざるを得ない。そしてほかにも、田畠からの課税と理解したほうがよさそうな事例がある。伊豆の牧之郷《まきの》（伊豆市）は一八八貫九〇〇文の土地に対して天文一九年に懸銭を課された。「不入《ふにゅう》」という名目のいわゆる免税地が六〇貫文分あり、そこは税が半分免除されていたため、九貫五三四文〔＝（188,900－60,000）×0.06÷2〕を課された。その一〇年近く後の永禄二年（一五五九）に成立した『役帳』では、牧之郷が合計一二〇〇貫文で北条氏家臣の所領として載っている。

ただこれだけだと、田畠と畠どちらもあり得る、ということになるかもしれない。しかし懸銭を課す他の史料で、課税対象となっている土地が畠だけでなく、少なくとも田が含まれることを示唆する事例があるのである。長浜の事例で、「神田《かんだ》」という土地が懸銭の免税対象――課税対象ということにもなる――となっている（藤井崇氏のご教示）。「神田」は神社のもつ田であり、その名目により免税対象となっているようである。ただしこうした土地のすべてが田とは限らない、という指摘もある（糟谷幸裕「領主―地域神社間相論と戦国大名権力」）。神社の所有する田畠とでもいうべきだろうか。だが少なくとも「神田」というだけあって、田は含むようである。よって、懸銭は田からも、つまり田畠から課したと考えたほうが妥当である。

立野郷の事例および「神田」が課税対象となっていた。そうした根拠が見出されてしまうと、それに比べ有力説の述べる根拠は弱いということになってしまう。試算・類推に過ぎない、もしくは田畠からの課税か畠からの課税かを判断する材料にはなり得ないという意味で。長浜では、実は畠の基準貫高が一六五文でなく二〇〇文であった。そのことは他の同時代史料を根拠として知られた事実である。だが、なぜか有力説ではこの事実が踏まえられていなかった。踏まえられてしまうと当然、試算値はずれて辻褄が合わなくなる。田名の事例は偶然の一致ということで片付けられてしまう。

田名の郷高が一二四貫七九一文で領主の所領が八〇貫文、残りの四四貫七九一文が北条氏の直轄地という可能性―著者はこちらのほうが妥当だと思う―を、試算の辻褄が合っていたというだけでは、少なくとも排除できない。また夏秋二回徴収についても、畠だけの徴収でなく田畠からの徴収でも二回の徴収になってしまうだろう。

以上より懸銭は、有力説の説く畠ではなく、田畠の貫高つまり郷高の六％の徴収と考えるほうが、より妥当といえる。もしも、田畠から課税する郷村と畠から六％課税する郷村の両方あったと主張するならば、田畠ではなく畠のみから課税していたことを明確に示すような事例の存在が必要となるだろう。

懸銭が田畠から課されていたとしたら、その理解・位置づけは、どのようになるだろうか。これまでの研究では明言されていないが、次のようなものになると著者は考える。

北条氏が土地の把握・課税の方式を、それまでの在家単位の把握・課税から、家ごとではなく耕地である田畠を一筆《いっぴつ》（土地の単位）ごとに測量する検地を元に、郷村を単位としたものに統一させていく。そうしたなかで懸銭の創設は、従来は在家（もしくは郷村）の耕地やその背後に広がる山野からとれる物資を徴収していた諸公事から、耕地から課す税に大きく変化させたことになる。税の対象を、数値化しきれない部分を含む郷村の全体から、貫高で数量的に把握できる耕地（と家）に変えていく、その流れの仕上げが懸銭の創設であったという言い方もできるだろう。

◎立野郷の郷高は三〇貫文

そういうわけで、立野郷の郷高はやはり三〇貫文であった。のちの永禄二年の段階でも、前章で挙げたように江川氏の所領としてみえる。郷高はやはり三〇貫文である。よって江川氏の「私領」とされるこの立野郷は、基本的にはその全体が江川氏知行の所領で、このときまで三〇貫文で郷高が固定されていたとみてよいだろう。後で述べるように、翌永禄三年に金谷郷とともに検地《けんち》をしたようなので、そのとき郷高は上がったかもしれない。どちらにしても、北条氏領国の郷村の郷高を平均的には一〇〇貫文くらいとすると、当時としては規模が小さめの郷村といえようか。

この郷村は、伊豆国内とはいえ現在の下田市であり、江川氏のいる韮山付近からかなり遠い。本拠地から遠く離れた土地を与えて侍、いわゆる武士身分に取り立てる。それは、戦国大名北条氏の常套手段《じょうとうしゅだん》、よくなされることと理解されている。ここを与えられる前にも、先に述べたような軍事的な役割を果たしていたかもしれないが、知行地を与えられたことで、研究上給《きゅう》人《にん》とも呼ばれる、北条氏公認のひとかどの侍となったというわけである。戦国大名の家来となっている土豪が給人に取り立てられた。そのことを現代に無理やり例えると、あくまでイメージなのだが、非正規雇用者から正社員に登用されたというのが、一応は近いだろうか。

ちなみに、ここで注意しておきたいのは、役帳の段階、永禄二年（一五五九）までの江川氏は、本拠地の金谷郷においては、未だ土豪と位置づけられ得ることである。北条氏の家臣（被官《ひかん》）となり遠隔地に土地は与えられたが、必ずしも領主になるわけではない。そういう人々は一定数いて、「在村給人《ざいそんきゅうにん》」「大名被官土豪層」などと研究上は呼ばれる。江川氏は、「私領」立野郷では領主であったと思われるため、この類型にピタリと当てはまるわけではない。だが、これに近い存在ではあったとみられる。本拠地では土豪、遠隔地の所領では領主。この段階の江川氏は、少なくとも今からみれば──当時もそうだったかもしれない──その属性はかなり曖昧だったといえる。

領主に成り上がる─本拠地金谷郷

ただ、『役帳』の翌年、永禄三年（一五六〇）には、江川氏は本拠地の領主に成り上がる。本拠地は金谷郷（伊豆の国市）という郷村であり、北条氏に与えられたと思われる。それを示す史料が、北条氏からの命令書、永禄三年八月朔日（一日）付の江川肥前（英元）宛北条家朱印状である（有光友學「江川文庫所蔵 北条氏発給文書等の紹介」）。内容を現代語訳する。

一ケ所　　立野郷
一ケ所　　金谷郷
　　以上

右の件、「江川の私領であるので検地をしたい」とのこと（著者注　江川が）申したので、公方奉行を二井《にい》に命ずる。きちんと致すように。次に金谷のうちで「笠原《かさはら》被官」どもが出《で》作《さく》している田地を、「江川被官」どもに給恩《きゅうおん》として与えたいとの旨（江川が）申すこと、当然「私領《しりょう》」であるので、とにかく（江川の）意のままに差配《さはい》・命令すべし。以上である。

申
（永禄三年）八月朔日　　　大草左近大夫が奉《うけたまわ》る
（虎朱印）
江川肥前殿
二井《にい》殿

『江川文庫』

金谷郷はこの史料が初見であり、このときまでに山木郷から分かれた郷村である。江川氏の本拠地といえる。江川氏菩提寺《ぼだいじ》の本立寺《ほんりゅうじ》（伊豆の国市）が早雲の時代に創建され、また江川邸に隣接している。それまでは北条氏の直轄地だった―おそらく江川氏が代官を務めていた―のを、このとき江川英元に知行地として与えて所領にさせたというわけである。北条氏は、前年末の永禄二年（一五五九）一二月二三日、当主が北条氏康（早雲の孫）から氏政（早雲の曽孫）に代替わりした（佐脇栄智『後北条氏の基礎的研究』）。当時の北条氏は、代替わりすると大々的に検地を実施し、民衆をなだめるような税制改革などの「徳政《とくせい》」を行うことが知られている（則竹雄一『戦国大名領国の権力構造』、久保健一郎『戦国時代戦争経済論』、他）。やや乱暴にイメージをいうと、次のようなことだろうか。代替わりによって「王様」が代わったところで、「王国」がリセット（再構築）される。実際には、特に代替わりだと基本的なところは変わらないのだが、新たな「王様」には、その再構築を人々にとって「良きようもの」にすることが求められる。「王国」は、その求めに応えるかたちをとり、良き再構築を名目とした検地や「徳政」を実施する。

この代替わりを契機として、江川氏が本拠地といってよい郷村を所望し、それが認められて与えられたと著者は考える。検地は北条氏の意向ではなく江川英元の要望によっているし、研究上でよくいわれる「徳政」とは違うのだが、「徳政」をする雰囲気、いわゆる「空気」に乗じて、江川が金谷郷を所望しただろうかと推測する。

その推測はともかく、ここに江川氏は土豪から領主となった。このようにここまで、本拠地で成り上がるケースはかなり珍しいと思う。今のところ著者が知るのはこの江川氏の事例のみである。先ほど述べた北条氏の常套手段、本拠地から遠く離れた土地を与えて土豪をとりたてるやり方からみても、例外的というべきであろう。やはり江川氏は、早雲がその技能に目をつけて登用して以来、北条氏に重用されてさまざまに働いた実績のある特別な存在だったため、こうした例外的な成り上がりが可能だったのではないか。そのように著者は理解する。

金谷郷の「額面」試算

それでは、江川氏が領主となった金谷郷は、どのくらいの「額面」、郷高をもつ郷村だろうか。それを語る戦国時代、北条氏の時代の史料はないので、正確なところはわからない。ただ、それに近い時代である近世初頭の史料を組み合わせれば、量感《りょうかん》はわかりそうであるため、試算しようと思う。

とはいえ戦国時代と近世初頭とでは、長さ・面積・体積など、秤や単位の大きさが少しずつ違う。しかもどのくらい違うかも、多くの場合、正確にはわからない。面積でも「段《たん》」という単位でいうと一段＝三六〇歩《ぶ》制と、一段＝三〇〇歩制という違いがある場合もある。そこで、誤差が生じる要素をなるべく少なくするため、面積の「歩《ぶ》」という単位に目をつけ、それを基準として試算したい。

近世初頭のこの地域では、一歩＝「六尺《しゃく》五寸《すん》」四方《しほう》であったことがわかっている（高橋廣明『近世村落の形成』）。その直前の時代である戦国時代についてはよくわからないが、仮に一歩＝「六尺」四方と想定する研究者もいる（佐脇栄智『後北条氏の基礎的研究』）。さらにいえば、長さの単位である尺や寸が、戦国時代と近世初頭で少し違う可能性もある。

だが、同じ尺や寸を長さの単位とする建物の寸法でみると、さほど変わらない可能性もある。江川邸は、主屋が近世初頭、一部が中世の建物とされている。江川邸の図面をみる限り、その両者の部分で、寸法はさほど変わらないようにみえるためである（重要文化財江川家住宅修理委員会編『重要文化財江川家住宅修理工事報告書』）。よって、歩を用いる面積については、戦国時代と近世初頭では特に変わらない可能性もあると著者はみている。誤差が一～二割くらいまであるのかもしれないけれども、少なくとも量感を測ることはできるだろう。

◎近世最初期の金谷村の貫高

前置きが長くなったが、試算してみよう。戦国時代が終わったばかりの天正一八年（一五九〇）、北条氏に代わって新たな支配者となった徳川氏が金谷村に行った検地のデータが残っている（『韮山町史』一一、他）。この検地は、北条氏と同じ一段＝三六〇歩で計算する検地である。近世初期、金谷郷は分割再編されていく。天正一八年、まさにこの検地のデータにより中村が分離したことがわかり、さらに元和二年（一六一六）に金谷村から内中村が分離するとされる（石井岩夫「近世初期内中村の成立について」）。よって、この天正一八年（一五九〇）の金谷村は、中村は含まず、のちの金谷村と内中村、おおよそ現在の伊豆の国市韮山金谷と同市内中をその範囲とする（66頁図4参照）。

そのうち、中村が分離する前の金谷村—以下、特記がない限りこれを金谷村と呼ぶ—の田畠の面積を合計してみる。そうすると、田の面積は四六〇八四歩、畠《はたけ》の面積は二〇四三三歩で

◎天正一八年（1590）の金谷村の検地データ

田：46,084歩

畠：20,433歩

北条氏時代の貫高の基準

田：360歩（1段）あたり500文

畠：360歩（1段）あたり165文

貫高への換算

田：46,084÷360×500＝64,006（64貫6文）

畠：20,433÷360×165＝ 9,365（9貫365文）

合計：73貫371文

図5　天正一八年の金谷村の貫高試算

あった（『韮山町』一一）。これを北条氏のときの貫高で表すと、田は三六〇歩（一段）あたり五〇〇文、畠は三六〇歩（一段）あたり一六五文なので、田の貫高は六四貫六文、畠の貫高は九貫三六五文となる。両者合わせると、天正一八年の金谷村（のちの金谷村と内中村）にあたる土地の貫高は、七三貫三七一文と試算される。詳しい換算式は図5に示している。

残る中村については、近世初頭の文禄《ぶんろく》五年（一五九六）の検地のデータが残る（『韮山町史』一二）。金谷村にその年のデータはないが、近い年のものならば存在する。文禄三年のデータである（『韮山町史』五上）。前者の中村は徳川氏家臣の内藤《ないとう》信成《のぶなり》による検地、後者の金谷村は徳川氏による検地である。ともに一段＝三〇〇歩で計算する、い

◎文禄三年（1594）の金谷村と文禄五年（1596）の中村の検地データ

・金谷村
田：42,379 歩
畠：17,245 歩

・中村
田：118,001 歩
畠： 38,817 歩

北条氏時代の貫高の基準

田：360 歩（1 段）あたり 500 文　畠：360 歩（1 段）あたり 165 文

貫高への換算

・金谷村
田：42,379÷360×500＝58 貫 860 文
畠：17,245÷360×165＝ 7 貫 904 文
合計：①66 貫 764 文

・中村
田：118,001÷360×500＝163 貫 890 文
畠：38,817÷360×500＝　17 貫 791 文
合計：②181 貫 681 文

∴　→　中村は金谷村の約 2.72 倍（②÷①）

図 6　文禄期の金谷村と中村の貫高比較

わゆる豊臣政権下の徳川氏の検地となっている。

面積など基準は、この両者で基本的には同じではないかと思われる。そこで、この二つのデータを比較する。そうすれば、戦国時代からさほど変わらない時期の中村が、金谷村の何倍ほどの規模をもつかというような試算はできる。

文禄五年の中村の田畠の面積を足し合わせると、田は一一八〇〇一歩、畠は三八八一七歩あった（『韮山町史』五上）。よって北条氏のときの貫高で表すと、一八一貫六八一文と試算される。そして文禄三年の金谷村は、田の面積は四二三七九歩、畠は一七二四五歩であった（『韮山町史』一二）。北条氏のときの貫高で表すと六六貫七六四文となる。計算式は**図6**に示したようになる。

二つの貫高から、中村が金谷村（のちの金谷村と内中村）の何倍にあたるかを導き出すことができる。一八一貫六八一文を六六貫七六四文で除した値は約二・七二倍である。

そして天正一八年の金谷村の貫高七三貫三七一文に、それを約二・七二倍した数値を足し合わせれば、金谷郷の貫高の試算値が出てくる。二七三貫三一文である。念のため、もう一つ試算値を出しておこう。北条氏の検地が一歩＝六尺四方で行われていたと想定すると、金谷郷の試算値は二九五貫七八四文（≒273,031 × 6.5 ÷ 6）となる。

◎決して小さくない金谷郷の郷高

この二つの試算値の間をとれば、戦国時代の金谷郷の郷高の量感を窺えるのではないかと思う。二七〇～三〇〇貫文くらい、ということになる。先にみた立野郷の一〇倍くらい、普通の郷村の二～三倍ほどの郷高をもつ、大きな郷村とみることができようか。金谷郷と立野郷を合わせると、江川氏は、三〇〇～三三〇貫文くらいの所領をもつということになる。これまで語られていたよりもかなり大きな、単純に所領だけみても中堅くらいの領主ということになる。

江川氏は、本拠地の金谷郷から、控除分を引いた年貢という主要な税を毎年とることが出来る。控除分を二割ほどとすると、二一六～二四〇貫文ほどである。一文を六〇～七〇円くらいとすると、現在の価値で一三〇～一七〇万円ほどであろうか。

ちなみに、立野郷に対しては、この一〇分の一ほどの年貢をとれる。これらを合わせて、現在の価値で一四〇〜一九〇万円ほどが、金谷郷と立野郷の領主としての年間の年貢収入となるだろうか。少ないとも思われるが、前近代の産業革命以前の世界の話と考えれば、そのくらいで妥当なのかもしれない。ただし、この収入がすべて江川氏の懐に入るわけではない。この収入は、北条氏へのお務め（いわゆる軍役、および知行役《ちぎょうやく》と呼ばれる北条氏への税・奉仕）にあてられることになる。

「笠原被官」の排除、土地の集積

さて本拠地金谷郷の領主となった江川英元は、先の北条家朱印状にみられるように、北条氏に検地を望んだ。検地とは、一言でいうと郷村の土地調査である。北条氏は江川の望みに応えた。「二井」という人物を公方奉行《くぼうぶぎょう》（検地担当の役人）に任命し、厳密な実施を求めた。二井は他の史料から、地元の有力者とみられる。江川は領主として、二井とともに検地をすることになった。その検地は、江川が行うものであったとしても、北条氏の基準で行われる、北条氏の検地といってもよいものになるだろう（有光友學「江川文庫所蔵 北条氏発給文書等の紹介」）。北条氏の検地は、郷村の領域、郷村の「額面」たる郷高、そして郷村の住人である百姓たちが土地に対してもつ耕作権などの権利関係を確定する機能を有することが知られている（則竹雄一『戦国

大名領国の権力構造』、池上裕子『日本中近世移行期論』、他)。

　そうした検地一般の機能のほかに、この永禄三年の検地で江川が狙っていたことは、もう一つあったようである。金谷郷にあって自分の被官(家来)と競合する人々を排除することである。競合するのは、「笠原被官」とされる人々である。これについて筆者は次のような理解をした。「笠原被官」は、北条氏の直轄地であった金谷郷に出作《でさく》(出稼ぎの耕作)に来ていた、近くの奈古屋《なごや》郷(伊豆の国市)の人々である(66頁図4参照)。奈古屋郷の領主、笠原康明《やすあき》と被官関係、つまり主従関係を結んでいた。その「笠原被官」を排除した後の土地を、江川は自分の被官に与えたいと北条氏に希望したのである。江川の被官も笠原の被官と同じような人々で、今も地元で「金谷一三軒」と呼ばれる人々の先祖が含まれるとみられる(伊藤拓也「戦国期江川氏の基礎的研究」)。

　笠原康明は、北条氏の有力家臣である—おそらく早雲の伊豆侵攻のとき、伊豆に呼び寄せられた—笠原氏の一族である。笠原氏は、伊豆国のトップとでもいうべき存在で、その惣領は清水氏とともに北条氏の公事をとりまとめる郡代《ぐんだい》という役職に就き、また『役帳』では伊豆衆の寄親《よりおや》という伊豆の軍団のリーダーのような立場にあった。笠原氏は、清水氏とツートップ体制で、伊豆の軍事と行政を主導する立場を北条氏から任せられていた重臣の一族である。

　伊豆衆に属する江川氏にとって、笠原氏は上司のような立場だった可能性すらある。少なくとも、笠原氏のほうが立場は上であったろう。江川氏は、永禄三年の検地をきっかけに、その笠原氏の一族の家来を追い出し、耕作していた土地を自らの家来に与えようとしたのである。主人である北条氏は、「私領」つまり江川氏の所領であることを理由に、それを認めた。郷村の土地を誰が使うか、誰を住人として認めるかは領主が決めてよい。そういう理屈で認めたのだと思う。

その結果を直接語る同時代史料は今のところなく、詳しくはわからない。しかし、若干のことを語る傍証はある。戦国時代が終わったばかり、前述した天正一八年（一五九〇）の豊臣政権による検地である。そこでは、金谷郷の大半を占める金谷村（当時は伊豆の国市金谷と内中）で半分ほどの土地が江川氏とその家来のものになっている。よって、「笠原被官」を追い出すことなどによる土地の集積が、それなりに上手くいった結果と理解できる（伊藤拓也「戦国期江川氏の基礎的分析」）。金谷郷の土豪たちのなかで江川氏派《は》と笠原氏派《は》がそれぞれいて、前者が勝ち、後者が排除された。そういういい方もできるだろう。北条氏家臣として格上とみられる笠原康明に付く笠原氏派が勝ってもよさそうなものだが、結果は逆。その郷村で江川が領主であったことがものをいい、江川氏派が勝ったようである。江川氏にしてみれば、江川氏が獲得した立場を利用して、競合する勢力を排除したということにもなる。

ただ、すべてを追い出せたかどうかは不明で、近世初頭の奈古谷《なごや》村、奈古屋郷に対応する村の検地では、この村に屋敷をもち金谷村に出作している百姓が数名いる。彼らは、金谷郷から江川氏が排除し切れなかった「笠原被官」であった可能性もある（伊藤拓也「戦国期江川氏の基礎的分析」）。領主の意向は大きな影響を及ぼすが、上司かもしれない笠原氏との兼ね合いもあり、従来から地元にあった権利関係をすぐに完全に壊してしまうことはなかなか難しかった。そういうことかもしれない。

土地の開発、隔絶した地位

こうして本拠地といえる郷村を所領とした江川氏は、手作地《てづくりち》をもつ領主となったといえる。手作地は、領主自ら農業経営する土地である。領主が手作地をもつこと自体は、当時は特に珍しいものではない。そうした領主が開発などによって所有地を増やして収入の増加を図ることも、もちろんあったであろう。今に無理やり例えると、領主が「副業」をして副収入を求めたというようなことになろうか。

そうした「副業」を、江川氏も金谷郷で行っていた形跡がある。先にも触れた近世初頭、天正一八年（一五九〇）金谷村（金谷と内中）の検地で、江川氏もしくはその家来が村の土地の大半を所有している。そして内中―江川氏の最初の居住地とみられる地域―の土地を、江川氏もしくはその家来が独占している。これらのことについて、著者は次のように理解している。

江川氏は、最初の居住地に家来を置いて、その付近を開発させた。近世初期の内中には江川氏の屋敷はなく、そうした家臣（もしくはその後継）と思しき「左近」という人物の屋敷がある（『韮山町史』一一）。南方の「屋敷田」付近から、西側の韮山古川と東側の用水―近世初期に山之堰と呼ばれることになる用水―に挟まれた土地を、北に向かって開発していった。加えて江川氏はいわゆる土地の集積もしていたと推測される。自らの資金を使って土地を買い集め、または先の永禄三年（一五六〇）史料にみたように領主の立場を使って競合勢力から取り上げるなどして、自らの所有地を増やしていたとみられる。結果として、内中のすべての土地、そして金谷村の土地の大半が江川氏の手に帰した。それが、天正一八年の検地でみられる江川氏の土地の所有に反映された（伊藤拓也「韮山江川氏の出自と下向」）。

そうして開発と土地集積を行った江川氏は、金谷郷において、自らの手作地とその家来の土地を大量にもつ領主、つまり領主でありながらいわゆる大地主となった。本拠地において隔絶した地位を有するに至ったといってよい。江川氏は、先にも述べたように、伊豆に下向したときは金谷郷にあたる地域の中心部にいたわけではなく、あくまでその地域の一土豪に過ぎなかったとみられる。そこから、居住地の付近を開発するかたわら、北条氏と結びつき、代官に任命されて屋敷―江川邸―を与えられ地域の中心部に進出し、検地など北条氏の郷村の設定も利用して、金谷郷となるこの地域全体に勢力を伸ばしたとみられる。

金谷郷の耕地・居住地域は西部にあるが、その南北は丘陵で隔てられている。もしかすると、金谷郷となる地域の南北は、それぞれ元々は、山木郷─公領、もしくはそれに由来する広域の地域。金谷郷や先ほど述べた奈古屋郷など、いくつかの郷村から構成される─のうちにある別々の村であったのを、江川氏が、北条（伊勢）氏に願い出て、南北をくっつけるかたちで、金谷郷という郷村として山木郷から再編独立させたのかもしれない。その再編独立があったとすれば、その時期は早雲によって代官に任命されたときだったろうか。この地域を北条氏康に所領として与えられたときだろうか。

ともあれ、一土豪が地域の中心に進出しその全体に勢力を伸ばしたり、北条氏に願い出て郷村を再編独立させるような事例は、既に指摘されている（池上裕子『日本中近世移行期論』）。そうした事例では、土豪が土地を与えられたとしても、その本拠地から離れたところとなる（黒田基樹『中近世移行期の大名権力と村落』）ケースが基本と思われる。江川氏についても、立野郷はその原則にあてはまっている。そして金谷郷でも、与えられ本拠とした屋敷は郷に隣接しているのであって、厳密にいえば郷の外にある。しかし実質的には、江川氏は本拠地といってよい屋敷に隣接し、菩提寺の本立寺もある─金谷郷において、土豪が領主に登りつめたといってよいだろう。そして先にも述べたように、それはかなりレアケースであったといえる。

まとめ―成り上がる江川氏

この章では、伊豆に下向した江川氏が土豪から領主に成り上がり、そこで隔絶した地位を築いた様相を述べた。まとめると次のようになろう。

伊豆に下向した江川氏は、当初は土豪であったが、天文二〇年（一五五一）までには、本拠地から離れた伊豆南部の郷村、立野郷（下田市）を北条（伊勢）氏から与えられて給人、北条氏公認のひとかどの侍となっていた。立野郷の郷高つまり郷村の「額面」は三〇貫文、規模が小さめの郷村といえようか。ただ、立野郷を与えられたのは早雲の代であった可能性がある。

そして永禄三年（一五六〇）、本拠地といってよい郷村である金谷郷を北条氏より与えられ、江川氏は領主になった。主家《しゅけ》の北条氏は当主が第四代の氏政―早雲の曽孫―に代わったころであり、代替わりに伴う「徳政」を行う雰囲気にあった。江川氏はそれを利用して、北条氏に金谷郷を所望し与えられたのかもしれない。金谷郷の郷高は二七〇～三〇〇貫文と試算される。通常の郷村の倍以上の規模をもった、比較的大きな郷村といえそうである。

その金谷郷で江川氏は、領主自ら経営する土地である手作地、自ら農業経営する土地を増やしていった。伊豆に下向した当初の居住地（内中）付近の土地を開発し、その一方で、いわゆる土地集積を盛んに行った。領主という立場を利用して、金谷郷に土地をもっていた近くの郷村の土豪とみられる人々を追い出し、その土地を自分の家来に与えた。土地を買い集めることもしたかもしれない。このようにして、本拠地で、領主でありながら大地主という隔絶した地位を築いた。

江川氏は本拠地において土豪から領主になった。それはおそらく例外的なことである。それを、江川氏は主人である北条氏に許されたということにもなる。しかも、北条（伊勢）氏の初期の本拠地にして伊豆の最重要拠点である韮山城に隣接した地域においてである。それはなぜか、直接語る史料はもちろんない。だが一つには、江川氏が北条氏と特別な関係で結ばれていたためと思われる。その関係とは、先にも述べた軍事的役割や江川酒の献上など、さまざまなこととしかいいようがない。けれども、江川氏が韮山周辺の直轄地の村々で江川氏が代官を務めあげたことは、その重要な一つであったのは間違いない。それについて、章を改めて述べたい。

第五章　代官を務める

代官が郷村から取り立てる「借金」

天文一七年（一五四八）、戊申《つちのえのさる》の年の九月三日、金谷郷を知行地とする前、太郎右衛門を名乗っていた江川英元は、北条氏より沢郷《さわごう》（函南町《かんなみちょう》）や原木本郷《ばらきほんごう》（伊豆の国市）などから、計二〇〇貫文を受け取るよう命ぜられた（有光友學「江川文庫所蔵 北条氏発給文書等の紹介」）。

（前欠）

十八貫七百四十貫文　　澤之郷

十五貫四百五十六貫文　　原木本郷

以上　二百貫文

右について、この分を急度《きっと》催促を致し、受け取るように。以上である。

天文十七（年）戊辰九月三日

（虎朱印）

江川《えがわ》太郎左衛門尉殿

『江川文庫』

北条氏は、何らかの借米《しゃくまい》・借銭《しゃくせん》、つまり負債について、必ず催促をして受け取るように、というような指令を、江川氏に対して下している。「催促を致し、受け取るように」、原文では「致催促《さいそくをいたし》、可請取《うけとるべし》」となるこの文言は、北条氏直轄地の郷村で年貢公事、つまり郷村が北条氏に支払う税の未納分を代官が立て替えた分が負債となっていて、それを回収する場合に使われる（阿部浩一『戦国期の徳政と地域社会』）。江川氏は北条氏の代官であり、沢郷などの税の未納分を立て替えていて、それにおそらく利子を加えた借金を取り立てることを認めてもらい、指令されたと考えられる（伊藤拓也「戦国期江川氏の基礎的分析」）。つまり、沢郷や原木郷は北条氏の直轄地で、江川氏はその代官であったということである。

郷村の数を試算

この史料は前欠、つまり前半というべき部分が失われている。末尾の二つの郷村、沢郷と原木本郷（以下、両郷と略記）は、北条氏家臣の知行地リストでもある『役帳』にも記載がない。伊豆国で記載のない郷村は、他の材料がない限り、まずは北条氏の直轄地とみてよいと思う。

◎天文一七年（1548）の江川氏の「借金」取り立て額

（前部分欠落）

沢郷：18 貫 740 文

原木本郷：15 貫 456 文

全体：200 貫文

郷村数の試算①：両郷の平均値を元に前欠部を計算すると･･･

・全体（200 貫）ー両郷の借金の合計（34 貫 196 文）＝165 貫 804 文

・両郷の借金の平均（34 貫 196 文 ÷2）＝17 貫 98 文

・残りの借金（165 貫 804 文）÷ 両郷平均（17 貫 98 文）＝9 貫 696 文

・両郷を除く郷あたりの借金を 10 貫文弱と考え、郷村数は 12 郷程度

郷村数の試算②：額の多い順の記載と仮定して前欠部を推定すると･･･

・沢郷（18 貫 740 文）ー原木本郷（15 貫 456 文）＝3 貫 284 文

・沢郷（18 貫 740 文）+3 貫 284 文＝22 貫 24 文

・その郷村の借金額に、両郷の差額を加えると 25 貫 308 文

・これを繰り返すと、全体の借金 200 貫文に到達するのは 7 ～ 8 郷

図 7　江川氏が代官を務めていた郷村数の試算

前欠の部分の郷村は、どこなのかよくわからない。だが、どのくらいの数だったかという試算はできそうである。

両郷とその前にあったであろう郷村を合わせ、郷村は最低三つ。だが、その前の郷村が一つだけというのは、この借金が大き過ぎることになってしまい、やや考えにくい。そこで、まずは単純に平均をとってみる。合計二〇〇貫文の借金から両郷の分を引くと一六五貫八〇四文である。二郷の平均一七貫九八文で割って単純計算した値は、一〇郷弱の九貫六九六文。両郷と合わせると、合計で一二郷ほどで江川は代官を務めていることになる。**図7試算①**が該当する。

もう一つ、別のやり方で試算してみよう。末尾の原木本郷よりその一つ前の沢郷の方が借金の額が大きい。この史料は借金額の大きい郷村から記載し、小さい郷村を後に記載した傾向があった可能性もある。そこに目を付けて、沢郷の前にあったはずの郷村の借金の額を想定する。原木本郷の借金に原木本郷と沢郷の借金の差額である三貫二八四文を足したものと仮定すると、二二貫二四文と想定される。その郷村の借金の額に、さらに両郷の借金の差額を足してそのまた前の郷村の借金を想定すると、二五貫三〇八文となる。これを繰り返していく。五回繰り返したところで三五貫一六〇文、それまでの七郷の合計が一七七貫一五六文となる。六回繰り返すと三八貫四四四文、それまでの八郷の合計が二一五貫六〇〇文となる。実際の借銭二〇〇貫文は、この一七七貫一五六文（七郷）と二一五貫六〇〇文（八郷）との間に入るため、この試算だと、両郷も合わせて合計で七～八郷が妥当な数字、ということになる。これは図7試算②にあたる。

以上二通りの試算を合わせて考えると、江川氏が代官を務めていた郷村の数は、両郷や後に述べる八幡免《はちまんめん》（伊豆の国市）も合わせて、九～一〇郷くらいであろうか。量感としては、後にも述べるように近世初期に江川氏が代官を務める村数が一三カ村であることと、中世の郷村から近世の村になるときには分村―村の分割再編―を伴うことがあることを合わせて考えると、このくらいで理解しておいてよいように思う。

領主のような代官

これらの郷村で、江川氏はどのような代官であったか。研究上、北条氏の代官は大きく分けて二種類あるといわれている。

一つめは、「領主級の代官」などと呼ばれるものである。現地で領主と変わらない支配をして、年貢を北条氏に上納するタイプの代官である。いわゆる報酬として、年貢の一〇%前後の代官《だいかん》給《きゅう》をもらう（伊藤拓也「戦国期江川氏の基礎的分析」）。

もう一つは「小代官《こだいかん》」と研究上呼ばれるものである。北条氏に郷村が納める年貢・公事を現地でとりまとめるタイプの代官である。いわゆる報酬として、年貢の四%ほどの小代官給《こだいかんきゅう》を毎年もらう。

両者とも現地に居住する場合は多いが、複数の郷村を担当することもあり、そうでないこともあると理解できる。江川氏はどちらのタイプの代官だったろうか。次の天正一五年（一五八七）、丁亥《ひのとい》の年末。豊臣秀吉が襲来するかもしれない状況のもと、北条氏が江川肥前守（英吉）に出した朱印状から、そのことが窺える（有光友學『江川文庫所蔵 北条氏発給文書等の紹介』）。

定

私領　金谷郷

代官所《だいかんしょ》　八幡免

一　京都の軍勢が来春に進撃してくるとの報告があった。この郷村の兵糧《ひょうろう》を、来たる正月四日から十五日の間、ことごとく韮山へでも山中《やまなか》へでも、どちらかの場所へ運び置くように。百姓の食物だけは、郷村の中にそのまま置いておくように。

一　兵糧の処置に怖がって、もしこの郷村の者が他所に行こうとしたならば、堅く（著者注　代理の家臣や郷村の上層部に）申し付けて、留置するように。万一、京都の軍勢の進撃が事実だったならば、それは隠れもないことなので、さらなる命があるまでは男女共にしっかりと（郷村に）留め置くこと。

右のこと、有能な代理の家臣を郷村の中に配置し、少しも邪魔や違法行為がないよう、きちんと対処すること。以上である。

丁亥

十二月二十四日

（虎朱印）

江川肥前守殿

『江川文庫』

この北条家朱印状は、京都つまり豊臣秀吉の軍勢が襲来するとの情報を受けて、伊豆国の郷村に広く出されたものであろう。来襲に備え、郷村の食料を兵糧として近くの軍事拠点、ここでは韮山城（伊豆の国市）か山中城（三島市・函南町）に供出するように北条氏は命じている。

そしてこの史料の翌年、天正一六年の正月二日付の北条家朱印状で、やはり金谷郷と八幡免を対象に、北条氏を裏切らないように郷村の「主長」《しゅちょう》の一人か二人を人質として留置《りゅうち》してリストアップし、それを報告すること、襲来のとき慌てないように、郷村の人々を避難させる場所を、百姓任せにせず定めて置くことも命じている（有光友學「江川文庫所蔵 北条氏発給文書等の紹介」）。いずれも宛先は江川英吉である。彼は金谷郷の領主で八幡免の代官であるため、北条氏からの命令を受けた。後者においては、代官といってもただ税をとりまとめるだけではなく、領主と同じような権限をもたないとできなさそうなことを命ぜられている。少なくとも八幡免においては、江川は領主級の代官だったということになる。

それでは、他の郷村ではどうだったろうか。これを直接語る史料はないが、傍証はある。この史料の数年後、豊臣秀吉が本当に襲来して北条氏が滅び、その後の伊豆を支配した徳川家康によって、江川氏は韮山周辺の一三カ村の代官を命じられたと伝わる。そしてそれらの村々の代官給《だいかんきゅう》（報酬）は一〇％であったことが知られている。このときの編成替えはあると思うが、北条氏時代と継続して代官に任じられたとすると、北条氏のときの代官給も、郷村ごとに違っていたかもしれないが、概ね一〇％ほどであったろう。そう考えると、八幡免以外の郷村でも、おそらく江川は領主級の代官であった（伊藤拓也「戦国期江川氏の基礎的分析」）。

このように江川氏は、江川邸を本拠として、韮山周辺の村々の代官を務めたと思われる。本拠から離れた郷村には、代理の家臣を派遣して支配したであろう。家臣の派遣を直接示す史料はないが、もしかすると可能性の傍証となるかもしれない話がある。天正一五年（一五八七）干支は丁亥《ひのとい》、九月七日。北条氏は金谷郷の領主の江川肥前守こと江川英吉に、同郷の伝馬《てんま》（物資運送）を命じた。伝馬を直接負担する金谷郷の人々がリストアップされたが、彼らはこの郷村の有力な住人とみられる（有光友學「江川文庫所蔵 北条氏発給文書等の紹介」）。

改定する金谷の伝馬
一疋《ぴき》　二井
一疋　大谷
一疋　田代主水《たしろもんど》
一疋　高橋弥六《やろく》
一疋　佐藤屋敷
一疋　源左衛門尉《げんざえもんのじょう》
一疋　大工《だいく》丹後《たんご》

一疋　七右衛門尉《しちえもんのじょう》

一疋　二郎左衛門尉《じろうざえもんのじょう》

一疋　五郎兵衛《ごろべえ》

一疋　弥左衛門尉《やざえもんのじょう》

一疋　弥右衛門《やえもん》

一疋　縫殿助《ぬいのすけ》

一疋　河村

以上、十四疋

右の件、このように、今後、馬をもっている者に「馬役《うまやく》」として申し付けるものとする。とやかく申す者どもがあったら、それらを名簿にして報告するように。よって、以上である。

天正十五年丁亥

九月七日

（虎朱印）

江川肥前守殿

『江川文庫』

金谷郷の有力者たちが、先に検地の公方奉行として出てきた「二井」を筆頭に、一四名リストアップされている。それぞれの家が一疋（馬一匹と馬引《うまひ》き一人）ずつ出して伝馬を負担し、隣町までの荷物の運送を担うことを命ぜられていることがわかる。

有力者の一人、リストの三番目に、「田代主水《たしろもんど》」という人物がいる。この人は、近世初頭の中村にいた稲村主水、もしくは金谷一三軒の先祖のうち戦国時代の宇野主水助《もんどのすけ》と同一人物の可能性がある。世代からして、著者は後者の可能性が高いと思う。後者ならば、前述の天正九年の北条氏の感状を受け取った江川氏の有力被官「宇野殿」（もしくはその次代）とみられ、もと江川邸の鬼門《きもん》（北東）にあって、近くの和田島《わだじま》（伊豆の国市）に住民の希望により移され、氏神《うじがみ》とされた若宮神社《わかみやじんじゃ》の神主を務めたと伝わる人物である。その若宮神社に、一つ興味深い話が伝わる。近代に至って、当初の御神体が神社ではなく、田代（函南町）というところにあったというのである（大石泰夫編『韮山町の神社』）。

そこから、想像をたくましくすれば、次のような可能性があるように思われる。戦国時代に田代で江川が代官、宇野主水助がその代理を務めて現地の支配にあたっていた。その関係で、伝馬を負担するとき、主水助は田代の地名を名字のように、もしくは名字として用いて、「田代主水」と名乗った。そして神体を、代官の代理を務める田代に移した。

江川氏の「借金」問題

たくましい想像の真偽はともかく、江川氏はこのように韮山周辺の郷村で代官を務めていた。先に述べたように、江川氏は算術や債権回収、資産運用などのスキル、そして資金力をもって代官をしていた。なぜ資金力がいるのか。北条氏の直轄地で郷村が税を支払えない場合は代官が弁済し、弁済した税は代官に対する郷村の負債となる（阿部浩一『戦国期の徳政と地域社会』、則竹雄一『戦国大名領国の権力構造』、久保健一郎『戦国時代戦争経済論』）。先ほどの郷村の「借金」回収指令は、その一例と位置づけられる。

ただ北条氏の指令があったとしても、その「借金」つまり負債を回収できるとは限らない。その場合は結果的に、その負債は代官が背負うことになるとされる。そうした負債にも対応できるような資金力が、代官には求められたのである。

だが江川氏の場合、その資金力を上回る負債を抱えてしまったようである。元亀三年（一五七二）六月三日付の江川太郎左衛門尉（英吉）宛の北条家朱印状、北条氏の命令書に、巨額の「借金」を負っているさまが描かれる。

今現在、江川が自分でこしらえた借米《しゃくまい》は、利息と合わせて千俵余りある。人々が無理な経営をして借銭で身上を潰すことは、ことさらにお上がお節介を焼くことではない。とはいえ江川のことは、代々格別の「奉公《ほうこう》」を尽くした者であるので、その千俵余りを、今年の申年から次の巳年まで十年間を期限として、お上が（代わりに）返済して遣わす。毎年十月中に必ず江川に（百俵ほどずつ）下げ渡す。これで返済するように。来年から利息はないものとする。今後は、わずかでも借米をして訴えてきても、末代まで取り合わない。以上である。

元亀三年壬申　石巻勘解由左衛門尉《いしまきかげゆさえもんのじょう》と
六月十三日　関信濃守《せきしなののかみ》がこれを奉《うけたまわ》る
（虎朱印）
江川太郎左衛門尉殿

『江川文庫』

江川英吉が元本《がんぽん》と利息《りそく》を合わせて、米で数えて一〇〇〇俵余りの借米《しゃくまい》・借銭《しゃくせん》（借りた米・銭）、つまり「借金」を抱えていて、それを北条氏が、江川氏代々の格別の「奉公」に免じて、今回特別に一〇年払いで肩代わりして払ってやる、そのように述べている。その「借金」はどこから借りたものかよくわからないが、例えば、韮山城下の四日町（伊豆の国市）の金融業者から借りたのだろうか。四日町は、北条氏の蔵があり、いわゆる税金が集積され、それをさばく商人もいて、市が立てられ、大変栄えた町場とされる（阿部浩一『戦国期の徳政と地域社会』、有光友學『戦国史料の世界』、久保健一郎『戦国時代戦争経済論』）。

江川氏の「借金」は米で一〇〇〇俵余りという。そういわれても、北条氏が一括返済しない額なのだから多額ではあるだろうが、どのくらいの「借金」なのか、今一つ実感がわかない。そこで、まずは量感を測ってみようと思う。

他の事例で、銭一〇〇文を米一斗《と》四升《しょう》、米三斗六升を一俵としている（『戦国遺文』後北条氏編二巻）。それで換算してみると、二五七貫一四三文（＝257,143≒257142.8…＝1000×3.6÷（1.4÷100））となる。量感としては、通常の大きさの郷村二つか三つ分ほどの年貢に匹敵し、大きな郷村一つ分の年間予算くらいのレベルの「借金」とみてもよいだろうか。現在の貨幣価値に、一文＝六〇〜七〇円として無理やり換算すると、一六〇〇万〜一八〇〇万円ほどになろうか。

前近代、産業革命以前の世界の話と考えると、仮に江川氏を個人ではなく中堅の企業のようにイメージしたとしても、首が回らなくなるには十分な、巨額の「借金」ではないかと思う。

ただ、江川氏の「借金」の全部が、代官を務めたことによる損害の補填だけではないかもしれない。例えば、次章で述べる江川酒の生産や提供による負債もあったかもしれない。だがある程度以上が、代官を務めたことによるものが含まれていたと理解できる。

まとめ―代官を務める江川氏

この章では、江川邸を本拠として、韮山周辺の村々の代官を務めた様相について述べた。まとめると次のようになろう。

江川氏は、江川邸を本拠として、韮山周辺の村々の代官を務めたと思われる。本拠から離れた郷村には、代理の家臣を派遣して支配したと推測される。代官は、郷村から税をとりたてて年貢を北条氏に納める。郷村が税を未納することはよくあることだったらしく、回収を北条氏に認めてもらったとみられる事例がある。しかし回収しきれなかった分は、代官の負債になることが知られている。おそらくそれが江川氏の資金力を上回り、江川氏は負債を抱えることになる。試算すると郷村数ヵ村の年貢くらいの、おそらく首が回らなくなるには十分な巨額な負債である。ただその負債は、江川氏代々の「奉公」に免じて、主人の北条氏が代わりに返済してくれることになった。

江川氏は、巨額の「借金」を抱えることになったが、これ一回きりといいながらも、北条氏は一〇回払いにしてまで肩代わりしてくれたのである。こうした北条氏の措置は、家臣の救済の意味合いもあるが、貸借関係の破棄を避けて金融業者を保護することが主眼であったという指摘もある（阿部浩一『戦国期の徳政と地域社会』）。ただ救済される事例としてみられるのは、伊豆南部の重臣清水氏や、先年に何らかの功績を挙げた家臣である。北条氏は、家臣なら誰彼なく救済したというわけでもないようである。

北条氏は江川氏を救済する理由を挙げているが、それがある意味特徴的である。具体的な功績ではなく、江川氏の代々が北条氏に格別の「奉公」をしてくれていた、というのである。その「奉公」は、これまで述べてきた軍事的功績や、韮山周辺の村々で代官を務めたことなど、多岐にわたるとみられる。そのなかで、江川氏しかなし得ないような最も特徴的ものは、やはり江川酒であろう。江川氏は、京都で酒屋を営んでいた前歴を活かしてそれをつくり、北条氏に提供し続けた。章を改め、江川酒とその提供について述べたい。

第六章　お酒をつくる

「江川」という名酒

弘治《こうじ》三年（一五五七）、京都の公家である山科言継《やましなときつぐ》は、駿河国《するがのくに》（静岡県中部）にいた。そこの戦国大名である今川義元《いまがわよしもと》に身を寄せていた義母（中御門氏《なかみかどし》）を訪ねて下向し、滞在していたのである。二月四日、今川氏の家臣で掛川城《かけがわじょう》（掛川市）主の朝比奈泰能《あさひなやすよし》から太刀《たち》や馬とともに酒肴を贈られた。そのお酒の銘柄は「豆州《ずしゅう》江川」、伊豆国の江川酒である（『言継卿記』）。その一〇年後の永禄一〇年（一五六七）、今川氏が隣国の武田信玄に滅ぼされることになる前年、著名な連歌師の里村紹巴《さとむらじょうは》は、京都から旅行で駿河国に来て、今川氏の本拠である駿府《すんぷ》（静岡市葵区）で大名の今川氏真《うじざね》（義元の子）に謁見《えっけん》し、また歌会の興行などをしていた。五月一一日、薩埵《さった》峠《とうげ》（同市清水区）の絶景を楽しんだ後、滞在先の清見寺《せいけんじ》（同）を出立する。そのときに、あるお酒を振舞われる。

「江川」という近国の名酒、今日までは駿府でも話に聞いていただけであったものを味わって出立した。

「江川」はもちろん江川酒である。駿府でもその名が知られ、駿河国に流通し広く飲まれていたようである（西ヶ谷恭弘「戦国期の清酒生産と江川酒」）。天正一〇年（一五八二）、武田勝頼《かつより》（信玄の子）が滅亡したときに駿河国の大部分を制圧した戦国大名徳川家康は、在陣中の駿府で三月六日、家臣の松平家忠《いえただ》に江川酒を下賜している。こののちも、天正一三年八月二五日、同一五年三月二日に、家忠に江川酒を下賜する（『家忠日記』）。

駿河国や産地の伊豆国にとどまらず、江川酒は、関東にも広く知られていたようである。下《しも》総国《うさのくに》結城《ゆうき》（茨城県結城市）の結城政勝《まさかつ》は、家の法律『結城氏新法度《ゆうきししんはっと》』（弘治二年（一五五六））に、次のように書き記している。

一　あまりに細かいことを書き記すと、皆思うであろう。さりながら、ことさらに下々の者で（著者注　決まりを）定めるのは難しいだろうから、申すこととする。朝夕の親類縁者や同僚の間で、ことごとしくお酒を支度し馳走するのは、まことに勿体ないことである。特に飲みすぎて（家の）表の垣根などに吐くほど酒を飲むのは、まったく褒められたものではない。亭主《ていしゅ》（寄合《よりあい》〔会合〕のホスト役）の心遣いということで、勿体ないとは思いながら、浴びるように飲ませたがるものである。（そこで）朝夕の寄合の決まりを定める。（中略）酒は、天野《あまの》・菩提泉《ぼだいせん》・江川《えがわ》を馳走《ちそう》しても、または濁《にご》り酒《ざけ》でも、亭主の心に任せることとする。（後略）

家臣たちの会合の酒肴についての規定である。傍線部に、そこで提供するお酒は最高級のものでも安酒でもよいという決まりがある。これを決めておけば、ホスト役も安いお酒を提供しやすくなるということであろうか。ここで最高級のお酒として例示されたのが、河内国《かわちのくに》（大阪府南東部）の天野、大和国の菩提泉、そして江川酒である。伊豆国からはるか遠く、今の茨城県にいた武士の家でも、江川酒は全国的に有名なお酒と並んで最高級のお酒とされている。関東にも広く知られた、東国随一の最高級のお酒というべきであろう。

東国だけでなく、江川酒は、全国的にも有名なお酒となっていった。下って近世初頭になるが、慶長《けいちょう》三年（一五九八）に豊臣秀吉《とよとみひでよし》が醍醐寺三宝院《だいごじさんぼういん》（京都市伏見区《ふしみく》）の裏山で催した醍醐の花見において、全国各地の名酒が饗されたことが、次のように伝わる。

（著者注　豊臣秀吉の）お供で来たご家臣の方々や京都や堺《さかい》（大阪府）のお歴々から、旬のものや珍しい品が数限りなく提供された。名酒には、加賀《かが》の菊酒《きくざけ》、麻地酒《あさぢざけ》、そのほか天野、平野《ひらの》、奈良の僧坊酒《そうぼうしゅ》、尾《お》の道《みち》、児島《こじま》、博多《はかた》の煉《ねり》、江川酒が供され、三宝院の内に満ちて、院の外に溢れるほどであった。
『太閤記《たいこうき》』

加賀国《かがのくに》（石川県）の菊酒、紀伊国《きいのくに》（和歌山県）や九州でつくられる麻地酒、河内国の天野（前述）と平野、大和国の僧坊酒、備後国《びんごのくに》（岡山県・広島県）の尾道《おのみち》、備前国《びぜんのくに》（岡山県など）の児島、博多（福岡県）の煉酒《ねりざけ》と並んで、江川酒があるのである。かつて早雲が味に感激して「江川」と命名したと伝わる江川酒は、伊豆国、近国、東国だけでなく、全国レベルの知名度をもつ名酒となっていた。

そうなるきっかけの一つには、北条氏のご用達のお酒の位置づけをもたされて、外交の贈答によく用いられたことが大きいとされている。北条氏が「大樽《おおだる》」こと江川酒を、韮山の江川氏の所から本拠の小田原（神奈川県小田原市）に運搬させた同時代史料の写が残っている（『相州文書《そうしゅうもんじょ》』）。北条氏は江川氏に江川酒を献上させ、小田原で消費もしたと思われるが、贈答品として外交に使っていた。次の史料はその一例である。

誠に些少ながら、蜜柑《みかん》一箱並びに「江川」一荷《いっか》、進上致します。ご賞味下さい。

恐々謹言《きょうきょうきんげん》。

十一月二十九日　　（北条）氏政（花押）

山内殿《やまのうちどの》

『上杉家文書』

永禄一二年（一五六九）、北条氏政《ほうじょううじまさ》（早雲の曽孫、第四代当主）が越後国《えちごのくに》（新潟県）の「山内殿」こと上杉謙信《うえすぎけんしん》に送った書状である。当時の北条氏は、今川氏滅亡に端を発して、長年の敵であった謙信と同盟を結んでいた。その外交交渉のなか氏政が謙信に送った贈答品のうちに、「江川」つまり江川酒がある。また、遠く近江国《おうみのくに》安土《あづち》（滋賀県）の織田信長にも送ったようである。天正一〇年（一五八二）三月、信長が武田勝頼を滅ぼした戦勝祝いに、馬などとともに、「江川の御酒」を送ったと伝わる（『信長公記《しんちょうこうき》』）。そのほかに、北条氏の家臣や配下の領主に送った事例も、同時代史料にみえる（『韮山町史』三下、『静岡県史』資料編八）。

このように、江川酒は北条氏に献上されてその贈答に使われたと思われるが、流通していた分もあると著者は思う。先ほどの『結城氏新法度』では、贈答品もしくはそのお裾分けとは思えない天野や菩提泉と並んで、江川酒が挙げられている。また駿河国では、贈答されたとはやや考えにくいタイミングでも、江川酒が出てくることがある。特に駿河国では多く流通して、広く飲まれていたのであるまいか。

関東に流通した江川酒が、近国の武士や京都の公家や連歌師に飲まれる。それによって、いわゆる口コミで、近国、東国、そして京都に江川酒の美味しさが伝えられていったことも想像される。流通していたということは、贈答品が出回るだけでなく、江川氏が江川酒を駿河国など各地に販売することもあったのではないか。とすれば、江川氏は、手作地を多くもつ武士であるだけではなく、あるときは京都以来の生業《なりわい》である酒屋、今でいう蔵元も営んでいたことになる。

京都仕込みの美味な清酒―良質な水と米

東国一番の最高級酒たる江川酒をつくる江川氏は、先にも述べたように、元は京都で酒屋を営んでいた。当時の京都では、柳屋をはじめとする酒屋が上質な清酒をつくっていたようである。江川酒も、『結城氏新法度』の記述、使われていたらしい器に柄があることから濁り酒ではなく、清酒だったろうと推定されている。京都の「柳酒屋」のお酒と同様に、柳樽《やなぎだる》に入れていたらしい（西ケ谷恭弘「戦国期の清酒生産と江川酒」）。

さらにいえば、第一章でも述べたように、江川酒は大和国の「南都《なんと》諸白」をルーツとする諸《もろ》白《はく》の清酒とみられる。大和国出身と伝わる京都の酒屋がつくった、本場仕込みの全国トップクラスの質を誇る清酒、ということになろうか。
さて、お酒は製法だけでなく、原料、水と米が良質なことが、良品をつくる上で大切である。そのことは、ご存知の方も多かろうと思う。水は、初め韮山古川の清流を使っていたと推測される。後には、先に述べたように、早雲に与えられた酒部屋こと江川邸の井戸からも良質な水が出て、それを用いたことが伝わっている。米については、代官をしていた伊豆の村々からのものを使っていたとされている（『韮山町史』一二）。伊豆国の米は当時も十分に良質だったと理解できる。しかし、これだけではなかったように、著者には思われる。

駿河米《するがまい》の借用、元本と利子で二百二十五俵を返済の件、毎年（著者注　北条が）下賜する伊豆国の段銭《たんせん》の米百八十貫文のうちから納付するとのことを（江川が）申し上げてきた。承知した。以上である。
丙寅
潤《うるう》八月十四日
（氏康朱印）
江川殿

『江川文庫』

これは、丙寅《ひのえとら》つまり永禄九年（一五六六）の潤《うるう》八月一四日付で、北条氏康が江川氏つまり江川英吉に与えた朱印状である（有光友學「江川文庫所蔵 北条氏発給文書等の紹介」）。氏康はこのとき前当主で、現当主の氏政と並ぶ最高権力者である。暦が太陰暦《たいいんれき》（月の暦《こよみ》）で閏月《うるうづき》があり、この年は八月と九月の間に閏八月《うるうはちがつ》のある、一年に一三カ月ある年であった。

江川英吉が借米二二五俵を、毎年もらう段銭《たんせん》という税の米、つまり「給料」の一八〇貫文から返済することを申し出て、認められている。先ほどと同じ換算をすると、二二五俵は五七貫八五七文（＝57,857≒57857.1…＝225×3.6÷（1.4÷100））となる。「給料」の三分の一弱を「天引き」するかたちで返済するということである。

この史料は、単なる借米の返済と思われていた。もちろん借米の返済ではあるのだが、別の側面もあるように著者には思われた。「駿河米」は、文字通り駿河国の米と思われるが、当時から大変良質な米として知られていたようなのである。やや下るが、近世初期の記録『廓山和尚《かくざんお》供奉記《しょうぐぶき》』に、徳川家康が隠居所を駿府にする理由の一つとして、駿河国の米の味が他国に比べて最もよいことを語ったとされる（静岡市教育委員会編『大御所徳川家康の城と町』）。

江川英吉は、借用というかたちで、北条氏から駿河米を入手していたのではあるまいか。借用にすれば、資金がなくとも前借りのように入手できる。結果として段銭の米より利子の分目減りはするかもしれないが、より良質な米が得られたということかもしれない。そのように入手した駿河米を、全部ではないかもしれないが、江川酒の原料としていた。筆者はそう推測する。

江川酒の製法

その江川酒の製法であるが、それを記したと思われる史料が残っている。『江川家御手製《えがわけおてせい》の酒の法（御手製酒之法書《おてせいさけのほうしょ》）』という史料で、その写と思しきものが活字化されている。この写は、明治（一八六八〜）の初頭まで「熊坂《くまさか》（伊豆市）の酒屋」と呼ばれていた竹村氏が所蔵していたものである。竹村氏は、江川氏から酒株《さけかぶ》（江戸幕府が与えた酒造免許）と酒造法を分け与えられていたらしい（『静岡県史』資料編一五）。著者はもちろん酒造について知識はないが、その製法をみてみよう。なお単位は、一〇合《ごう》＝一升《しょう》、一〇升＝一斗《と》である。

◎元造《もとづく》りの作成ー「半切《はんぎり》」という桶《おけ》で仕込む

①よくといだ白米《はくまい》を、水三升に浸しておく。

②その白米のうち、三合ほどを炊いてご飯にする。そのご飯を小さい笊《ざる》に固く盛る。その笊を半切桶に揺らしながら入れる。笊の縁がひたひたに浸かるくらいに入れた状態で、四日ほど置いておく。

③四日ほど経ったら。米もご飯もすべて混ぜて蒸す。よく冷まし、白米の麹《こうじ》を五升と水七升

を入れてかき混ぜ、渋紙《しぶがみ》の蓋《ふた》をして八日ほど置く。これを元造りという。

◎元添《もとぞ》えの作成—「元添桶《ぞえ》」という桶で仕込む

④元造りが出来る前日、二斗の白米をよくといでおく。

⑤といだ白米を蒸してよく冷まし、麹一斗と水二斗を入れてかき混ぜ、元造りに入れる（桶に渋紙で蓋をする）。

⑥翌日、渋紙の蓋を開ければ、浮き上がっているものがある。それが沈んだとき、櫂《かい》という棒（蕪櫂《かぶらがい》）を入れて満遍なくかき混ぜ（櫂入れという）、五日ほど置く。これを元添えという。

◎中掛《なかが》けの作成—「大桶」という桶で仕込む

⑦元造りが出来る前日、四斗の白米をよくといでおく。

⑧といだ白米を蒸してよく冷まし、麹二斗と水四斗を入れてかき混ぜ、元添えに入れる（桶に渋紙で蓋をする）。

⑨翌日、渋紙の蓋を開ければ、浮き上がっているものがある。それが沈んだとき、櫂入れをして、五日ほど置く。これを中掛けという。

◎仕廻掛《しまいが》け―「大桶」で仕込む

⑩中掛けが出来る前日、八斗の白米をよくといでおく。

⑪といだ白米を蒸してよく冷まし、麹四斗と水八斗を入れてかき混ぜ、中掛けに入れる（桶に渋紙で蓋をする）。

⑫翌日、渋紙の蓋を開ければ、浮き上がっているものがある。それが沈んだとき、櫂入れをして、一〇日ほど置く。

⑬一〇日ほど経ち、ブツブツという沸いた音が静まったところで、「酒舟《さかぶね》」という箱に入った木綿の袋に入れ、酒舟に蓋を載せ、「〆木《しめぎ》」という台と丸太の石の錘を使って絞る。これで酒が出来る。

ちなみに、「酒舟」に入れたとき、「早はしり」という濁り酒がでる。これを別の桶に入れておくと、翌日、上澄みは酒、底に濁り酒ができる。この製法によりできるお酒は、やはり清酒であるようである―ただ、濁り酒も「早はしり」から若干できると思う―。

最近、橋本敬之氏が、この史料の原本と思しきものを江川文庫から見出し（橋本敬之『江川酒の製法書発見』）、その史料をもって万大醸造《まんだいじょうぞう》（伊豆市）に依頼し、江川酒の復元を試みた（『東京新聞（静岡版）』二〇二〇年五月三一日）。一番搾りは薄い琥珀色、アルコール度数は一七％、コクのある果汁のような味わいとのことであった（『静岡新聞（地域東）』二〇二二年二月二八日）。

二〇二一年春、復元された酒が「江川英龍公を広める会」会員に頒布された。著者も頒布を受け実際味わってみたが、確かにそうした趣の清酒であった。アルコール度数は一六～一七度、現在の日本酒からすればやや強めのお酒のようだが、どちらかといえば下戸に属する著者にも大変飲みやすく、「また飲みたい」と思うような美酒であった。

図8に、右の史料に現れた酒造りに用いられる櫂類を示す。

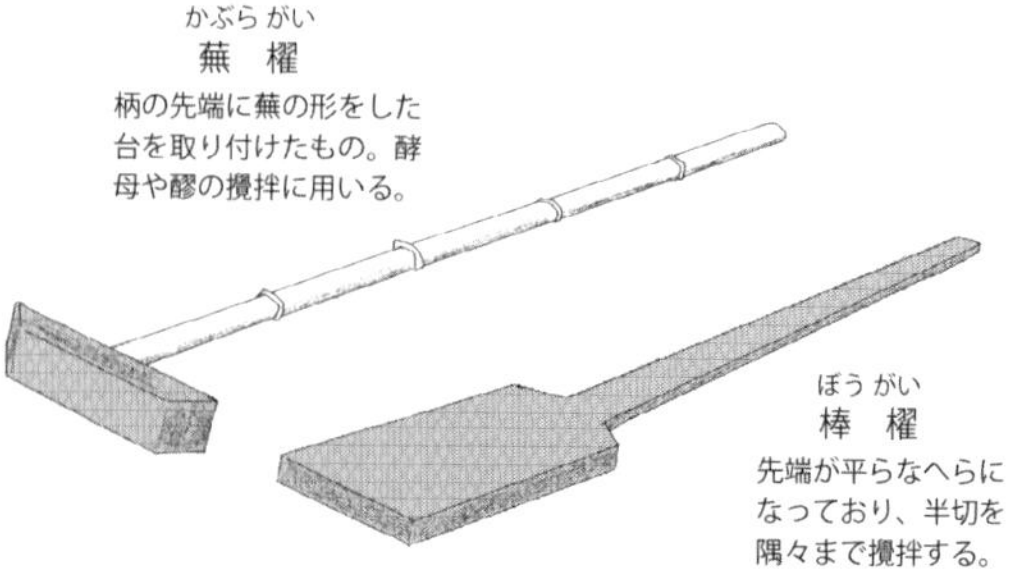
蕪《かぶら》 櫂《がい》
柄の先端に蕪の形をした台を取り付けたもの。酵母や醪の攪拌に用いる。
棒《ぼう》 櫂《がい》
先端が平らなへらになっており、半切を隅々まで攪拌する。

図8　酒の醸造に用いられる櫂

まとめ―お酒をつくる江川氏

この章では、江川氏がつくった江川酒について述べた。まとめると次のようになろう。

江川酒は、近世の製法書により復元したものによると、諸白という製法でつくられた、やや度数の強いフルーティーな味わいの清酒であったようである。原料の水は、韮山古川の清流か、江川邸の良質な井戸水と思われる。そして米は地元伊豆のものと思われるが、良質で有名な駿河米を原料としたものもあったかもしれない。大和国出身と伝わる京都の酒屋がつくった、まさに本場仕込みの全国トップクラスの質を誇る清酒。そのようにいうべきであろう。

当時、産地の伊豆ではもちろんよく知られたであろうが、隣国の駿河国に多く流通していたようであり、関東にも広く知られていた。そして全国レベルの知名度をもつ名酒となっていった。江川氏が北条氏に献上した江川酒は、贈答品として上杉謙信、織田信長など各地の大名などに送られる。それだけでなく、おそらく駿河国など各地に流通した―江川氏は蔵元も営んでいたかもしれない―江川酒が、いわゆる口コミで評判になる。その評判を聞いて賞味した旅の連歌師などを通じて、京都など遠隔地にもその名が知られる。こうして江川酒は、関東の名酒として全国にその名がとどろくこととなったとみられる。

さて当時の江川酒は、何度か述べたように、北条氏が小田原に献上させ贈答・外交に用いていた。もちろん北条氏の領国の他の地域でも、酒づくりをしていたところはいくつかあるようである。だが江川酒は別格であったろう。京都仕込みで早雲が激賞した「本物」の清酒というブランドと味・品質をもち、北条氏のお歴々を楽しませるだけでなく、親善外交で贈り物にもなる「御用酒」である。東国随一の品質をもつ独自の清酒。それは切り札のように重要な贈り物であったろう。

そのような江川酒を提供する江川氏は、おそらく北条氏にとってかけがえのない存在であった。「駿河米」を提供し、巨額の「借金」の肩代わりもするはずである。伊豆の村々の代官を務めてくれ、韮山城の東側を防備してくれて、江川酒まで提供してくれる。北条氏にとって、まさに格別の「奉公」をする江川氏である。それを存続させることが明確に北条氏の利益となっていたであろうことは、想像にかたくない。

第七章　京都とつながる

江川氏の寺檀関係

江川氏は、北条氏において代わりのいない存在となり、主家との強い結びつきや援助も活かして、家を存続させた。それは京都の土倉・酒屋という前歴を大いに活かしたものであった。その京都とのつながりは、伊豆に下向したのちも断たれてしまったわけではなさそうである。

例えば京都にいたときに帰依していた寺院とのつながりは、伊豆に下向した後も切れてしまったわけではなかった。最近、それを窺えるような京都関係の、戦国時代の同時代史料が一〇点ほど、江川文庫から発見されたのである。その史料については、以前書いた論文で活字化した（伊藤拓也「戦国期江川氏の基礎的分析」、「韮山江川氏の出自と下向」）。

これは中世の寺檀関係《じだんかんけい》の有り様《ありよう》の一端を示す、貴重な史料である。寺檀関係とは、寺院と帰《き》依《え》する信者や家——檀信徒《だんしんと》、檀家《だんか》などという——との関係である。後に述べるように、この事例は僧侶ではなく寺院、個人の信者ではなく檀家との寺檀関係である。近世に、帰依する寺院（菩《ぼ》提寺《だいじ》、檀那寺《だんなでら》）を基本的に居住地にある一つの寺院に絞るというかたちで制度化され、江戸幕府による宗教統制の「戸籍」としても機能する寺檀制度（寺請《てらうけ》制度、檀家制度）となる。研究上は、その制度に先行するものとして、中世末期に原初的な寺檀関係が形成されたと理解される（豊田武『宗教制度史』、圭室諦成《たまむろたいじょう》『葬式仏教』、朴澤直秀《ほおざわなおひで》『幕藩権力と寺檀制度』、他）。

江川氏は、史料がなく貴重な中世の、しかも京都の寺院からみれば遠隔地の檀家の事例ということになる。中世の寺院と檀家とのやりとりが具体的に窺える同時代史料などめったになく、著者はほかに類例を知らない。近世のそれとは違った中世的といえそうな寺檀関係、例えば遠隔地の檀家ならではの役割を求められ、それを果たす姿が見受けられる。また普通の、近隣の檀家でもありそうなやりとりもみられる。遠隔地にいたからこそ、普通なら口頭などで済まされて史料には書かれなさそうなことも記されて残ったものと思われる。まずは、『江川文庫』の同時代史料から読み取れる、京都の寺院と伊豆の江川氏との寺檀関係についてみていきたい。

本圀寺と江川氏

江川文庫で発見された京都関係の史料の多くは、当時は京都六条《ろくじょう》、今の京都府京都市下京《しもぎょう》区《く》にあった（現在は同市山科《やましな》区《く》に移転）法華宗寺院、本圀寺《ほんごくじ》から受け取った文書である。本圀寺は、当時の史料では「本國寺」などと表記されていたが、先にも述べたように、広く知られた名称を用いるべきと考え、近世以降の表記だが、本書では本圀寺で統一する。

江川氏は、京都にいたとき、この本圀寺の檀家であったとみられる。京都の町衆は法華宗の信者が多いことはよく知られている。酒屋でいっても戦国時代の柳酒屋が法華宗信者であったことが指摘されている（河内将芳《かわうちまさよし》『中世京都の民衆と社会』）。江川氏もその例にもれず、法華宗の本圀寺に帰依していたということであろう。

江川氏が伊豆に行ってからも、先にも述べたように、その関係は続いていたようである。永正一八年（一五二一）、本圀寺とのつながりを示す最初の史料、さらにいえば江川氏に関わる同時代の初見というべき史料がみられる。七月三日付で本圀寺の役僧《やくそう》（事務方の僧）二人の連署で、「江川殿《えがわどの》」――おそらく江川英景――に送った書状である（伊藤拓也「戦国期江川氏の基礎的分析」）。内容は次の通りである。

本圀寺の後任の住持《じゅうじ》の件、すぐさま使者を出し報告すべきところでしたが、子細があり、今まで延引しました。決してなおざりにしていたわけではありません。そうではありましたが、近ごろ無事に、大蔵卿《おおくらきょう》日助《にちじょ》に決まりました。大変めでたく喜ばしいことであるため、使者の僧を派遣しました。詳細はよきときに後日申すべきなので、詳しい話はしないこととします。恐々謹言。

七月三日　評定行事 日翁（花押）

一和尚 日善（花押）

『江川文庫』

江川殿
お屋敷へ

この永正一八年の正月二日、住持の日遵《にちじゅん》が遷化《せんげ》（死去）した。後継の住持への譲状《ゆずりじょう》―ここでは継承を認定する書類―を書けないほどの急な遷化だったとされる（『大日本史料 九‐一二』）。その後継の決定が延引してしまい、半年ほどかかってようやく日助（肩書は大蔵卿）に決まったようである。そのことを、四半世紀前も前に伊豆に下った檀家の江川氏に報告したというわけである。新《しん》住持が日助になる前の段階の情報を、本圀寺が江川氏に送ったと著者は考える。おそらく近隣の檀家には、こうした情報は、例えば口頭で伝達されたと想定される。江川氏が遠隔地にいるからこそ書状というかたちとなり、今に史料として残ったと思われる。

なお、この書状は役僧、事務方担当の僧侶二人の連署で送ったものとなっている。よって、寺院から江川氏当主に宛られた手紙と解釈できる。僧侶・寺院と信者・檀家との関係について、河内将芳《かわうちまさよし》氏の研究によると、次のように指摘される。

おそらく中世後期の法華宗においては、僧侶と信者という個人対個人、一対一で成り立つ師《し》檀《だん》関係と、寺院と檀家という寺《てら》と家《いえ》、集団対集団で成り立つ寺檀関係があった。そして京都の法華宗寺院の本法寺《ほんぽうじ》（京都府京都市上京区《かみぎょうく》）と本阿弥《ほんあみ》氏―芸術や刀剣鑑定《とうけんかんてい》などで有名な京都の町衆―との関係は、戦国時代の前の室町時代における前者に始まり、後者へと変わっていった（河内将芳『中世京都の民衆と社会』）。

右の永正一八年の史料と、後に述べる「女中《じょちゅう》」への曼荼羅《まんだら》の下賜や「廻向《えこう》」の話などを合わせ考えて、戦国時代の本圀寺と江川氏との関係は、師檀関係から始まったのかどうかはわからないが、寺檀関係となっていると考えられる。

京都の菩提寺《ぼだいじ》

さて天文六年（一五三七）、日遵の跡を継ぎ本圀寺の住持となっていた日助は、八月四日付で、江川又太郎こと英元宛に書状を送った（伊藤拓也「戦国期江川氏の基礎的分析」）。その内容は、次の通りである。

　わざわざ使いの僧（春光坊《しゅんこうぼう》）を派遣したので、書状を送ります。さて久しくお便りをしませんでしたが、本意ではございません。かねて「京都大乱《きょうとたいらん》」が起き、特に本圀寺には去年より軍勢が乱入しましたので、荒れ果て、変わり果てています。ですがさまざまな援助があり、安泰な状態となっています。ご安心下さい。来春のお早いご参詣をお待ちしてます。詳細は春光坊が申し上げるでしょう。恐々謹言。

八月四日　　　日助（花押）

江川又太郎殿

お屋敷へ

『江川文庫』

「京都大乱」とは、この前年の天文法華《てんぶんほっけ》の乱《らん》とされる。天文五年（一五三六）に京都で法華宗の二一本山が、近江国の延暦寺《えんりゃくじ》（滋賀県大津市）僧兵《そうへい》・六角氏《ろっかくし》の連合軍と戦った紛争である。両陣営それぞれが諸国の末寺などから軍勢を動員し、数万人規模の軍勢同士が京都の町を戦場にして戦い、その戦禍《せんか》はかの応仁の乱を上回るものとなったとされる。この乱で敗れた法華宗は、京都を追放された。本山の一つ本圀寺の住持にして法華宗側の最高責任者の一人であった日助は、堺の成就寺《じょうじゅじ》（大阪府堺市）に逃れたと伝わる。成就寺は本圀寺のいわゆる末寺で、日助がかつて住持を務めていた（『堺市史』七、『国史大辞典』、今谷明『天文法華一揆』、冠賢一《かんむりけんいつ》『京都町衆と法華信仰』、静岡県教育委員会編『江川文庫古文書資料調査報告書』、他）。

この江川英元宛の書状で日助は、乱により寺が軍勢に乱入されたが無事であることを報告している。実際にこの乱で戦死した住持もおり、日助が本圀寺とともに滅亡していても不思議ではない状況だったといえる。江川氏も、もしも京都に残っていたら、紛争に参加して没落・滅亡していたように思える。史料には残っていないが、本圀寺から動員要請があった可能性すらある。

さて法華宗だが、天文一一年（一五四二）に天皇の名で京都からの追放を解かれ、その五年後には六角氏の仲介により延暦寺との和議が成立し、一五の本山が京都に帰った（中尾堯《たかし》『日蓮宗真蹟遺文と寺院文書』、他）。晴れて京都に戻った日助は、天文一六年（一五四七）、五月一六日付で江川英元に手紙を送った。当時の手紙では多いことだが、本文の後ではなく冒頭に追伸《ついしん》が書かれている。

（追伸）誠につまらないものですが、下げ緒を一筋（一本）、下げ渡し遣わします。祝儀《しゅうぎ》の気持ちを表しただけでございます。

新春のお慶び、遅くなってしまいましたが、それでもやはり、おめでとうございます。さて去年は新しい本堂の造営の件、戒春坊《かいしゅんぼう》を遣わしたところ、ご寄付をいただき、ありがとうございます。特に黄金一両を献上いただきました。ご献金いただき、感謝の言葉もございません。来る八月十日にご遷座《せんざ》が決定いたしました。ご参詣をお待ちするばかりです。詳しくは宝城房《ほうじょうぼう》が申すでしょう。恐々謹言。

五月十六日　　日助（花押）

江川又太郎（英元）殿

お屋敷へ

『江川文庫』

日助は、本圀寺のいわゆる本堂再建の募金活動に英元が応じ、前年天文一五年に黄金一両などを寄付したことを感謝している。そして天文一六年八月一〇日の本圀寺の本尊《ほんぞん》の遷座の決定を知らせ、参詣を望んだ。当時の金一両は銭二貫文程度、現在の価値では一二～一四万円らしい（川戸貴史『戦国大名の経済学』）。江川氏の財力を考えると大盤振る舞いとまではいかないかもしれないが、安くはない寄付をしたというところだろうか。

このように、江川氏は本圀寺のピンチに金銭的な援助をするなど、檀家として求められたお務めを果たしていたとみられる。その代わり、寺の状況を報告される以外に、本圀寺にしてもらっていることはもちろんあり、そのいくつかは同時代史料から窺える。例えば当主の供養である。永禄四年（一五六一）、当主の江川英元が没したとされる。その年とみられる七月朔日《さくじつ》（一日）付で、次代の当主の江川又太郎こと英吉に宛て、本圀寺の住持の日勝《にっしょう》―日助の次代、日禎の先々代―が次の内容の書状を送っている（伊藤拓也「戦国期江川氏の基礎的分析」）。

　親父《しんぷ》殿（著者注　江川英元）がご遠行《えんぎょう》（逝去《せいきょ》）なされたとのこと、言葉もございません。ご落胆《らくたん》お察しいたします。こちらで廻向《えこう》（供養《くよう》）は疎意《そい》なく（きちんと）させていただきます。来春は、お早いご参詣をお待ち申しています。恐々謹言。

　七月朔日　　日勝（花押）

　江川又太郎殿

　　これを進上いたします。

『江川文庫』

　英元の死去を、英吉が本圀寺に知らせた返事と思われる。英吉の知らせに応え、英元の供養を執り行うことを日助は述べている。江川氏の地元には、すでに本立寺という代々当主の墓のある菩提寺がある。大永五年（一五二五）に土砂崩れで堂宇が崩壊するなど、何度か災害に見舞われており（『韮山町史』四）、当時の墓は多くが失われたと思われる。だが「永禄四年酉年《とりどし》正月廿一日《にじゅういちにち》　英元」と銘《めい》のある五輪塔《ごりんとう》があるらしい（『韮山町史』一一）。五輪塔があるからには、本立寺も、もちろん英元の供養をしたと思われる。

だが、右の永禄四年の書状から、地元の本立寺とは別に、京都の本圀寺も英元を供養したということになる。本圀寺は、先に述べた天文法華の乱や永禄一一年（一五六八）の本圀寺の変、近世は天明《てんめい》八年（一七八八）の天明の大火など、戦乱や災害に見舞われた。そのうえ、先に述べた昭和四六年（一九七二）の移転もあったので、墓や位牌《いはい》がもしあったとしても、失われたと思われる。

だが、おそらく英元以前の当主、京都にいたころの宇野氏の当主達は英元と同様に供養され、墓もあったであろう。下向後の江川氏の当主についても、英元のように供養はされていたと考えられる。墓もあったのかもしれない。よって本圀寺は、中世江川氏の京都における菩提寺であったとみられる。とすれば、戦国時代の江川氏は、京都と地元の両方に菩提寺をもっていたことになる。近世は寺檀制度もあり、基本的に、菩提寺は地元で帰依する寺院に限られたであろう。それを考えると、地元だけでなく京都にも菩提寺があったのは、すぐれて中世的な様相であったといえようか。

大曼荼羅（守本尊）の下賜

江川氏が本圀寺にしてもらったのは供養だけではない。「守本尊《まもりほんぞん》」と呼ばれるものを本圀寺から何度か贈られている。守本尊とは、与えられた者が自身で所持して加護を受ける大曼荼羅《だいまんだら》である。大曼荼羅は法華宗のもので、紙に法華経の「南無妙法蓮華経《なむみょうほうれんげきょう》」の経文を中心に書き、その周囲に仏や菩薩の名を文字で書き記したものである。例えば永禄八年（一五六五）とみられる年に、江川又太郎（英吉）に贈ったことが、当時の本圀寺の住持であった日勝《にっしょう》の六月七日付の書状にみえる（伊藤拓也「戦国期江川氏の基礎的分析」）。内容は次の通りである。

「当代」に早々と申すところでしたが、京都の「忩劇《そうげき》」によって延引しました。ということで菩薩の守本尊を下賜します。「祝儀」を表しただけです。来春の各々の参詣をお待ちしています。委細は本秀房に申し含めました。恐々謹言。

六月七日　　日勝（花押）

江川又太郎殿

　　これを進上いたします。

『江川文庫』

英吉は、「当代」の「祝儀」として日勝から大曼荼羅を贈られたと理解できる。先にみたように、永禄四年に父の死去により英吉は当主を継いでいたとみられる。当主を継承した人物に贈られたのであろう。そうしてみると、先代の江川英元には日勝の先代の住持である日助が贈った形跡がある。日助が江川又太郎こと英元に宛てた五月一二日付の書状である（伊藤拓也「韮山江川氏の出自と下向」）。

わざわざ円定坊を派遣いたします。さて「御祈祷之守本尊《ごきとうのまもりほんぞん》」を一幅、認《したた》めてお送りします。いよいよ功徳《くどく》がしっかりありますこと、大事なことです。お早いご参詣をお待ちしています。詳細は彼（円定坊）の口頭にて。恐々謹言。

五月十二日　日助（花押）

江川又太郎殿

お屋敷へ

『江川文庫』

「御祈祷之守本尊《ごきとうの》」というものを、江川英元に贈っている。認めた（書いた）もので、一幅《いっぷく》と数えているので、掛軸の大曼荼羅であろう。使者の僧の円定坊がこの手紙と大曼荼羅を携えて韮山に赴き、江川英元に渡したとみられる。

こうした大曼荼羅そのものが江川氏の子孫の許に残る例はほとんどないが、一例だけ、戦国時代のものが確認できる。江川英長―英吉の次代当主―に住持の日禎―日勝の次々代―が贈ったと思しき天正一四年（一五八六）の大曼荼羅である。江川文庫に現存する。ただ史料にみえる英吉や英長の活動時期から、天正一四年ならば英長は当主となる前と思われる。英長は、第二章で述べたように、トラブルを起こし出奔《しゅっぽん》して徳川氏に仕えていたところ、江川氏の後継者として伊豆に呼び戻されたと伝わる。後継者となったことをきっかけにして、贈られたのかもしれない。よって大曼荼羅は、代々の当主もしくは次期当主に授けられたということになるだろうか。

また、大曼荼羅を下賜されたのは当主だけではないようである。近世初頭になるが、九月二五日付で日禎が送った書状には、「女中《じょちゅう》」に「守《まもり》」一幅を下賜したとある（伊藤拓也「韮山江川氏の出自と下向」）。「守」は守本尊、つまり大曼荼羅であろう。「女中」には女性の敬称の意味があり、一義的には当主の夫人を指すと思われる。江川氏の当主だけでなく、その妻にも大曼荼羅が下賜されたというわけである。江川氏の代々の当主やその夫人は、本圀寺から下賜された大曼荼羅を所持し、功徳を信じて日々拝んだであろうか。

法華衆は、一家を皆信者にしようとする志向《しこう》が強かったように思われる。室町時代から、基本的に夫婦・一家・一族すべてが信者になること（「皆法華《かいほっけ》」）が要求されつつあったとされる（藤井学『法華文化の展開』）。一般的には近世に寺檀制度が成立し、展開したのちも、宗派の異なる複数の菩提寺をもつ「半檀家《はんだんか》」「複《ふく》檀家」と呼ばれる家も多くあり、江戸幕府など権力側は必ずしも「半檀家」「複檀家」の状態を解消しようと志向したとは限らないとされる（朴澤直秀『幕藩権力と寺檀制度』、『近世仏教の制度と情報』、他）。それを考えると、法華宗はかなり特徴的と思える。戦国時代の江川氏は、先に集団対集団の寺檀関係のところでも述べたが、その法華宗信者の特徴どおり「皆法華」であったとみられる。この「女中」の史料や先にみた「廻向」の史料などをみるに、そのように思われる。

なお近世後期の史料からは、金谷村の村民が皆、本立寺かその附属小寺院の檀家であったことが窺える（『韮山町史』五上、同『一二』）。近世後期の金谷村は「皆法華」の村であったことになる。だが戦国時代の金谷郷においては、「皆法華」とまではいかなかったと思われる。例えば中（中村）の長源寺（曹洞宗。伊豆の国市）など、法華宗以外の宗派の寺院もいくつかある（『韮山町史』四）。だが郷村のなかで、いわゆる江川氏の息がかかった家―家来の家など―を中心に、エリア的には金谷を中心に、郷村のかなりの人が、法華宗の信者になっていったと推測される。

訪問客のナビゲートと応接

さて、ここまでの本圀寺と江川氏のやりとりは、別に遠隔地でなく、近隣の檀家であったとしてもなされることのように思える―これらのやりとりが史料に残されていたことが貴重なのだが──。住持の交代を報告され、寺院のピンチには金銭的な援助をし、当主が死去したときには供養をしてもらい、大曼荼羅を下賜されるといったことである。

もちろんやりとりはこれだけではなく、先にも述べたように、江川氏が遠隔地の檀家であることを活かした役割を、本圀寺は求めていた。例えば、本圀寺が派遣した旅客《りょきゃく》のナビゲート役を江川氏に頼んでいる。時は少し遡り、本圀寺の住持が、日遵の後、日勝の前の日助《にちじょ》であったころのことになる。日助は、江川又太郎（英元）に三月二一日付で次のような書状を送った（伊藤拓也「韮山江川氏の出自と下向」）。

よきついでがあったので、一筆書かせていただきます。あれ以来、久しくお便りをせず、恐縮しています。さて、この玉瀧房《ぎょくろうぼう》が下向します。道中の指南役《しなんやく》をお頼みします。お早いご参詣をお待ちいたします。恐々謹言。

三月廿一日　日助（花押）

江川又太郎殿

お屋敷へ

『江川文庫』

日助が日遵を継いで住持に就任して以来、初めて江川氏に出す手紙のようである。玉瀧房という人物が下向すると告げ、江川英元にその指南役、いうなればナビゲーターを依頼している。玉瀧房がこの手紙を持参し、伊豆の江川英元のところにやってきて、ナビゲーターを頼んだのだろう。

この玉瀧房は、有名な修験者《しゅげんじゃ》（山伏《やまぶし》）と同じ名前をもつ。玉瀧坊である。「房」と「坊」という字の違いがあるが、同じ人物でこうした当て字の違いはあり得る。玉瀧坊は、享禄《きょうろく》元年（一五二八）に小田原に下り、相模国・伊豆国や武蔵国《むさしのくに》の南方の山伏集団を統括することになる（森幸夫「小田原北条氏権力の諸相」、他）。同一人物だとすると、この玉瀧房＝玉瀧坊はこの後小田原に赴いたことになる。そして、この書状は享禄元年のものである可能性も出てくる。

ただし有名な玉瀧坊は、宗派をいえば天台宗《てんだいしゅう》である。対して書状を出した日助はもちろん法華宗の僧侶であり、この手紙を素直に読めば玉瀧房も法華宗ということになる。当時の修験者が状況によって属する宗派を変える、または偽ることがあるのか、それとも、あまりないことのようにも思えるが、実は、玉瀧房と玉瀧坊は同時期に同地域で活動した同名異人《どうめいいじん》だったのかなど、いくつか可能性がある。どの可能性をとっても興味深いが、これを絞り込み確定させるまでの証拠は今のところなく、これ以上はよくわからない。同一人物の可能性は指摘しつつ、後考を待ちたい。

さて、本圀寺からの旅客を応接する例は、少し時代は下るがもう一つある。近世初頭、慶長二年（一五九七）の例である。本圀寺の住持の日禎《にっしん》は、一〇月一三日付で江川太郎左衛門尉（英長）に書状を出す（伊藤拓也「韮山江川氏の出自と下向」）。

（追伸）返す返す肥州《ひしゅう》（江川英吉）は、ご壮健《そうけん》のこと、ご壮健のこと、一つお話しさせていただきたいものです。また次のお便りを期《き》します。以上。

それ以来は、よきついでを得られなかったゆえ、便りをできませんでした。去年の下向のときにお心のこもった思いやりをいただいたこと、今まで我慢などせず平素《へいそ》より申してお くようなことでした。さて、この鷲山坊が本立寺《ほんりゅうじ》の『啓運鈔《けいうんしょう》』を拝見したいと望んでおります。一所懸命に頑張っている者ですので、本立寺に寄越《よこ》させていただきます。恐々謹言。

十月十三日　日禎（花押）

江川太郎左衛門尉殿

お屋敷へ

『江川文庫』

この手紙で日禎がいう「去年の下向」とは、文禄五年（一五九六）の日禎の下向を指すとみられる。このとき日禎は、住持を次代の日桓に譲り、佐渡（新潟県）に下向した。法華宗の開祖、鎌倉時代の日蓮の旧跡を参拝して巡り、北陸を経由して帰った（『日蓮宗事典』）。そのときに江川英長が心を尽くして応接したことを、日禎は感謝しているらしい。有名な不施不授―法華宗信者以外からのお布施《ふせ》を受けるかどうかの宗派の対立―を巡る騒動の当事者の一人となって身を引くことになる日禎には、英長のもてなしが心に沁みたのかもしれない。

追伸で、日禎は江川氏の先代英吉の壮健さに驚嘆している。であるので、江川父子は直接に日禎に会ったようである。ただ、どのように会ったのかは、意外とよくわからない。日禎が往路の途中で実は東国に立ち寄っていて、例えば江川邸において江川父子が日禎を接待したのか。はたまた江川父子が佐渡や北陸に赴いて日禎に会い、贈り物などしたのか。いくつか可能性があって絞り切れない。江川邸での接待が一番ありそうなように著者には思えるが、断定はできない。これについても後考を待ちたい。

さて、この手紙の本題である。日禎は、本立寺（伊豆の国市）にある『啓運鈔』という書物の一読を所望する鷲山坊という人物を遣わした旨、英長に告げている。『啓運鈔』とは、本立寺を創建した六条門流《ろくじょうもんりゅう》（本圀寺の系統）の日澄《にっちょう》が著した五五巻の書、『法華経《ほけきょう》啓運鈔』である。そして本立寺は、江川氏の地元の菩提寺である。鷲山坊は本圀寺の関係者だろうか。この手紙を携え、伊豆の江川邸に来たものと思われる。おそらく江川氏は鷲山坊を伴い江川邸近くの本立寺に赴いて、いわゆる口利きを行い、鷲山坊は『法華経啓運鈔』を筆写したものと思われる。もしかすると、本圀寺へ滞在を斡旋したり、江川邸に泊めるなどして、伊豆に滞在する支援もしたかもしれない。

このように江川氏は、下向する本圀寺の住職の応接はもちろん、江川氏の菩提寺である本立寺を訪れる鷲山坊の接待もした。滞在中の世話などもしたと想像すると、なかなかに大変であったように思う。だが、遠隔地の檀家としての、遠方にいるゆえのお務めということだったように思われる。

江川英吉の「留学」、当主父子の上洛

このように、江川氏は遠隔地の檀家としての務めを果たす一方で、当主が没したときは供養を受け、信仰の拠り所となり得る大曼荼羅を下賜されていた。そうした江川氏に、本圀寺の住持が常に求めたであろうことがもう一つある。それは同時代史料から窺い知ることができる。

先に引用した本圀寺住持からのいくつかの手紙の末尾くらいに、よく「来春のお早いご参詣をお待ちしている」など書かれているのを気づいた読者の方もいらっしゃるかもしれない。本圀寺の住持は、折に触れ、江川氏の当主をはじめとした人々の上洛と参詣を願っていたようで

ある。だが当主が上洛した形跡は、戦国時代にはみられない。江川氏当主は、領主に代官に酒造にと、多忙であるはずなので、それらの任が解かれない限り上洛は難しかった、ということかもしれない。

しかし当主でない人間は、戦国時代にも上洛することがあったようである。江川英吉が当主になる前、当主の後継者であったときに上洛した形跡が、江川文庫の史料に残っている。『座《ざ》敷荘厳図《しきしょうごんのず》』という史料である。ただし原本はなく、江川文庫に残るのは、その近世初期の写である。今に続く華道《かどう》の池坊流《いけのぼうりゅう》の本で、秘伝書とでもいうべきものである。その奥付に、次のような内容が記されている。

座敷荘厳の図、我が家で秘伝の本であるけれども、江川又太郎英吉に写して寄越した。決して他見をしないようにするものである。秘すべし、秘すべし。

永禄二年七月　洛中六角堂《らくちゅうろっかくどう》　池坊専栄《いけのぼうせんえい》　在判

『江川文庫』

在判《あり（ざい）はん》とは、そこに花押があったということである。ここでは池坊流の当主、池坊専栄の花押である。この秘伝書は、京都の六角堂（天台宗頂法寺《てんだいしゅうちょうほうじ》。京都府京都市中京区）の池坊流の当主が、江川英吉に特別に書き与えたものということになる。又太郎を名乗っていた英吉は、池坊流のいわゆる免許皆伝を受けたということになろうか。京都を離れるに際して、秘伝書を与えられたのかもしれない。さらに注目すべきは、永禄二年（一五五九）という日付である。これは、英吉の父英元が亡くなる二年前で、父は存命であったことになる。英吉は、当主になる前に京都に「留学」して、華道《かどう》を学んでいたと思われる。

「留学」するからには、英吉はどこかに寄宿《きしゅく》していたと思う。まず思いつくのは京都にいる一族の屋敷だが、そのころには京都に宇野氏の痕跡が史料上みつからないので、没落して京都にいなかった可能性もある。その場合は、京都に復帰していた本圀寺か、それこそ姉小路烏丸の近所にある六角堂に寄宿していたのであろうか。ともあれ、江川氏当主の継承者である又太郎英吉は、華道を修める「留学」をしていたと思われる。当主継承がみえてきたところで伊豆に帰り、その際に華道の秘伝書を師匠の池坊専栄から写して与えられた。それが、『座敷荘厳図』の原本だったのではあるまいか。

さて本圀寺の住持が求めていた江川氏当主の上洛は、戦国時代が終わったばかり、といえるときに実現したようである。おそらく天正一九年（一五九一）春――当時の春は一～三月である――、後に述べるように江川氏の主家《しゅけ》であった北条氏が滅亡し、その代官や領主としての仕事からは解放されたであろうひととき、当主となった江川英長が上洛する。前当主の英吉も、このときに上洛したようである。同じ天正一九年とみられる九月二五日付で、本圀寺住持の日禎が、江川肥前入道こと英吉に手紙を送っている。

この春の上洛のときは早々とお帰りになられ、大変お名残りおしく存じました。したがって、些少なものですが、板の物（唐織物）を遣わします。はたまた「守」（大曼荼羅）を一幅「女中」に渡し遣わします。なお詳しくは使いの僧が申すでしょう。恐々謹言。

九月廿五日　日禎

江川肥前入道殿

お屋敷へ

『江川文庫』

先にも述べた「女中」への大曼荼羅などを贈られているが、傍線部のように、英吉は上洛して日禎に会っているようである。おそらく当主の英長とともに上洛し、本圀寺に参詣したであろう。江川父子は上洛したものの、早々と伊豆に帰ってしまったらしい。

日禎が江川父子と再びまみえたのは先にみた慶長二年（一五九七）である。日禎が東国に下向して江川父子にもてなされたときと思われる。そのとき日禎が感心していた英吉の壮健さは、この天正一九年に会ったときと比べたものとみられる。

江川英長と連歌

天正一九年（一五九一）春の上洛で、英長は里村紹巴に面会した。第六章で現れた、駿河国に旅をして江川酒を味わった著名な連歌師である。紹巴は二月七日付で、「江川殿」こと江川英長宛に書状を送っている。本文は、次の通りである。

（追伸）返す返す、ご興行などのご手配、畏《おそ》れ入りました。また杉山殿へ文案《ぶんあん》のお届けに預かりました。詳細は宗玄が（伊豆に）下るときに申すでしょう。

このたびは初めての面談、本望でございました。しかしながら早々のお帰り、名残《なご》り惜《お》しゅうございました。（歌会の）ご興行のこと、奇特《きとく》なことでございます。御句《おんく》、面白く存じました。また上洛されたならば、落ち着いてお話お聞かせいただきたいと存じます。連歌懐紙《れんがかいし》は急ぎでございましたゆえ、下絵は致しませんでした。ご帰国されたならば書信《しょしん》をもってお話を承ります。もろもろお便りをお待ちしています。恐々謹言。

二月七日　巴（里村紹巴）（花押）

やはり追伸が冒頭にきている。宛名がないが、手紙の左端に、折りたたむと今でいう封筒の宛名になるようなところがあり、そこに「江川殿」とある。文意が取りにくいところがあるが、内容は次のようなものと思われる。英長は初めて紹巴と会い、連歌の句を披露し、伊豆での連歌会（連歌の歌会）の興行のことも紹巴に告げた。紹巴は、句は面白く、興行は奇特なことと褒めた。そして英長は「文案」―連歌会の句の記録だろうか―を、おそらく「杉山殿」を介して、紹巴に届けた。紹巴はその記録を、連歌懐紙《れんがかいし》という用紙に清書して英長に渡した。ただ急ぎであったため、下絵、つまり連歌懐紙の下地の絵は描かなかった。英長はすぐに伊豆に帰ってしまったので、帰国後に書信でいろいろとお話をうかがいたいと紹巴は述べた。「宗玄」が、この手紙と、おそらく連歌懐紙を伊豆に帰国した英長のもとに届け、口頭で詳細を伝えた。

江川英長は、句を披露しているので、連歌をすでに嗜んでいたようである。そして「本場」京都に上洛したとき、当代きっての連歌師である里村紹巴に面会し、教えを乞うたということになる。史料には残っていないが、紹巴がかつて味わった江川酒を贈って、それを話のきっかけにして面会をしたのだろうか。伊豆で開いた連歌会の記録の清書を、やはりおそらく相応のお礼をして、紹巴にお願いしたということと思われる。

「杉山殿」が誰かは不明だが、江川の居住地の近く、原木《ばらき》（伊豆の国市）の一部を所領とした領主に杉山氏がいる（『戦国遺文』別巻）。もしかすると、江川氏の近所にいた武士、北条氏の旧臣つまり英長の元同僚で、連歌の同好の士だったのかもしれない。

この七ヵ月後とみられる重陽（九月九日）に、紹巴はまた書状を江川太郎左衛門こと英長あてに送っている。いろいろな話がちりばめられて興味深い書状である。長文になるが、訳してみよう。

（追伸）返す返すも、奇特にご熱心なことでございます。相模や伊豆では派手にご酒宴をなされて、連歌を長時間執り行うのが難しいためでございましょうか。それだけではないのでしょう、恐縮に存じます。少し寂しい山寺や神社（での連歌興行）に相当するのでしょうか。和泉・堺（大阪府）でも茶の湯を振舞うだけの興行で、あわせて（お酒を）その家で嗜まれることはあるのでしょうか。以上。

お手紙拝見しました。まず連歌を詠むたびたびにつけられた点数のこと、高評価のものは、巧者（が詠んだ句）や古歌と見まがうものでございました。秋の歌はいにしえの句を悪くして心は高くもち（それに対して）人の句の点が少ないです。あなたの初心になっているというお心がけのうるわしさゆえのことです。『宗祇初学抄』に句のこと書かれていたでございましょうか、「殿上人花のかげに」、とございます。（『宗祇初学抄』を）お持ちでしょうか、ご覧いただきたい。巧者とは若さにより申さず、年寄りを巧者と申しています。（芸の）道々で巧み（の技）を積むことでは、（紹巴は）若さによらずに七十に二つ足りない歳になりました。今は若い衆よりも、私めを巧者と人は申します。気力は落ちましたので、三十歳、四十歳ころのように振る舞っております。先達と申しても、その程度のことでございます。

一 点をとって勝とうとは、それのみをお思いになっては、お心がけが悪しくなります。

一 紅花《べにばな》を五斤、このうえなく過分《かぶん》に存じます。孫が去年できました。また先月七日にもできましたので、十一月に髪置（の儀式）とやらに、一段と重宝いたすと（我が家で）内々に満足しております。先月の孫はまたお色直し（百日祝）とやらのことを、十一月に仕ります。

一 一昨日の夕方、（北条）氏直様と美濃守（北条氏規）がご上洛なされました。美濃守は旧知です。お迎えに参るため、ご旅宿は大溝にて、夜更けに及びました。氏直様には、今日の夕方（にいらっしゃる）と存じます。

一 先んじてお三人で詠まれて得点がつけられた連歌を、またよきついでにみさせていただきましょう。まずは持ち合い（の勝負）を申し入れるがよろしいでしょう。

一　紹与（紹巴の弟子）は今日訪ねて参るので、（英長殿からの）お手紙は（こちらに）届くことでしょう。こちらからはすでに出ているでしょう。昨夕の御僧は今日来られたので、対面は思いがけないことでした。各々が昨夕に対面したかは定かではありません。

一　先日の扇を用いられたとのこと、本望でございます。

一　杉山殿の御句に一句、残念なものがありました。またまたご興行などなされるでしょう。今は別紙に記《しる》すに及び申しません。口頭でのご伝達を望み申します。追って（使者が）申し述べることでしょう。恐惶謹言。

臨江斎

重陽　　巴（花押）

江川太郎左衛門殿

返信としてお送りします。

くむ秋の 後なをゆかし 菊の水　紹巴

『江川文庫』

紹巴は自らを七〇歳に二つ足りない歳、つまり六八歳と述べている。紹巴の生年は大永四年

（一五二四）か同五年とされる（両角倉一《もろずみそういち》『里村紹巴小伝』）。よって数え年で六八歳とすると、この書状が出された年は、天正一九年（一五九一）か翌文禄元年（一五九二）となる。しかし文禄元年だと、書状に出てくる北条氏直がすでに没している。よって、この書状は天正一九年のものであり、前の二月七日の書状もこの年ということになる。

天正一九年とすると、北条氏直は大坂城（大阪府）の屋敷にいたとされる（座間美都治《ざまみつじ》『北条氏直と高室院文書』）ため、そこから氏直達は京都に上洛したと理解し得る。北条氏規《うじのり》は京都南郊《なんこう》の大溝《おおみぞ》（京都市南区）に宿をとり、ここで紹巴と旧交を暖めたらしい。氏直は江川英長の旧主であるので、要は共通の知人の消息について報告したというところだろうか。また紹巴が贈った扇が英長に届いたことを安堵し、逆に英長が前月に生まれた紹巴の孫——里村玄陳《げんちん》であろうか——のために、五斤（三キログラム）の紅花を贈ったことを、紹巴は謝している。

さまざまなことが書かれているこの手紙だが、その主な要件は、やはり連歌のことである。このあたり、著者が連歌に不案内なせいもあって文意がとりにくいところがあるが、英長たちが催した連歌会、およびそこで詠まれた句について詳細なコメントをしているようにみえる。高得点がついた句については、名句の劣化コピーのような句だがセンスはよいというような評価だろうか。そして英長の初心に帰る心がけを褒めている。さらに紹巴は、手本にせよというところもあるのだろうか、句を英長に贈っている。「くむ秋の 後なを（なお）ゆかし 菊の水」

という秋—当時は七～九月が秋—にちなんだ句である。菊の水は、重用（九月九日）がいわゆる菊の節句であることと、図9に示す江川氏の家紋、井戸の菱形の枠の中に菊の文様がある「井桁《いげた》に菊《きく》」にちなんだものだろうか。

図9　韮山江川氏の家紋「井桁に菊」

そして追伸のところで、連歌会の習わしについても紹巴はコメントしているようである。相模や伊豆では、おそらく連歌を長く催さず、酒宴—打ち上げの飲み会だろうか—に雪崩《なだ》れ込むことに紹巴は違和感を覚えている。しかし紹巴のいる近畿地方の連歌会でも似ているといえなくもない習慣もあり、それぞれの地方のやりかたでやればよいと、やはり紹巴は肯定的に捉え直しているようにみえる。

句の評価は辛辣《しんらつ》なところがあるかもしれないが、紹巴は総じて、根本的なところで弟子英長を肯定的に捉えているようにみえる。少なくとも、英長がそのように受け取れるようにしている。その上で、『宗祇初学抄』という書を読むよう紹巴は指導をしている。今でいうと、良質の、おそらく英長が所持しているであろう入門参考書を、今一度よく読んで基礎を学ぶようにというような指導だろうか。根本的なところは肯定して褒めて、意見を受け入れてもらいやすい雰囲気をつくりつつ、よくないところはきちんと指摘して改善する手段やお手本を示す。現代でも通用するかもしれない上手な指導を、紹巴はしているようにみえる。さすがは当代きっての師匠であり、江川英長は「本場」の「本物」の師匠について連歌を学んだ。そのように著者には感じられたが、いかがであろうか。

まとめ―京都とのつながり

この章では、江川氏と京都とのつながりについて述べた。まとめると次のようになろう。

江川氏は、京都から伊豆に下向したのちも、京都とのつながりを切ってしまったわけではない。例えば、帰依していた京都の法華宗寺院である本圀寺の檀家であり続け、寺院と家との関係としての寺檀関係を維持した。住持の交代を報告され、寺院のピンチには金銭的な援助をし、当主が死去したときには供養をしてもらい、大曼荼羅を、当主や次期当主だけでなく当主夫人にも下賜された。おそらく江川氏は「皆法華」、夫婦・一家・一族すべてが信者であった。

また江川氏は、遠隔地の檀家としてのお務めも果たした。遠隔地にいることを活かして、本圀寺からの旅客のナビゲート役を務めた。下って近世初頭だが、前住持が旅をしたときは、心を尽くして接待している。

本圀寺の住持が毎回のように求めた上洛と参詣は、当主は戦国時代には果たせなかった。だが、次期当主（江川英吉）は上洛した。おそらく参詣もしただろう。英吉が上洛したのは「留学」のためである。池坊流の華道を修めた形跡がある。当主の上洛は、戦国時代が終わったばかりの、おそらく天正一九年（一五九一）に実現した。前当主の英吉と新当主の英長が、おそらく本圀寺に参詣した。英長は里村紹巴と面会して連歌を学んだ。

江川英吉が京都「留学」で学んだのは、史料にはみえないが、おそらく華道だけではなかったように思える。たとえば本圀寺で仏道《ぶつどう》も学んだかもしれない。もしかすると、算術など当主として求められる技能も修めていたかもしれない。連歌を学んだ可能性もあると思う。

しかし、この時期以降、京都と江川氏のつながりは史料上薄れていく。連歌師の里村紹巴とのつながりは天正一九年、本圀寺とのつながりは先にみた慶長二年（一五九七）の史料以降、みられなくなる。紹巴は文禄四年（一五九五）、豊臣秀次《ひでつぐ》（豊臣秀吉の甥で養嗣子）の切腹事件に巻き込まれて失脚する。それを潮に、交流が断たれたのであろうか。本圀寺とのつながりが断たれたのも、もしかすると住持日禎の引退・隠棲が関わっているかもしれない。日禎は、いわゆる不施不授をめぐる法難―他宗に施《ほどこ》さないし施しも受けないという、宗祖《しゅうそ》日蓮以来の教義《きょうぎ》を堅持する僧侶や派閥の弾圧―に巻き込まれて隠棲を余儀なくされる（『日蓮宗事典』）。

どちらにせよ戦国の世が終わり、江川氏と京都とのつながりは次第に薄れて消えていくようである。江川氏が変わっていくのと軌を一にするかのように。

次章はエピローグのようなかたちで、時代が戦国から近世に移っていくにつれ、変わりゆく江川氏について述べたい。

第八章　引き継がれるもの、変わり絶えるもの

いくつもの顔をもっていた中世の江川氏

北条氏家臣の侍、領主にして大地主、北条氏の代官、京都仕込みの酒をつくる酒屋、京都と地元に菩提寺のある法華宗の檀家、そして華道などに通じた文化人。戦国時代の江川氏は、このようにいくつもの顔をもっていた。いかにも中世の人、戦国の人といった趣である。それが、豊臣秀吉のいわゆる全国統一により、中世が終わり近世がやってくる。それにより、江川氏の様相も、引き継がれるところと絶えるところがありながら、総体としては変わっていく。

小田原合戦の江川氏

戦国時代の終わり、豊臣秀吉の全国統一の契機とされるのが、ほかならない天正一八年（一五九〇）の小田原合戦、戦国大名北条氏の滅亡である。そのとき、北条氏当主の弟である北条氏規《うじのり》が率いる韮山城は三月末から城を囲まれたが善戦し、よく城を守った。だが北条氏方の拠点が次々と陥落するなか、豊臣氏方の交渉に応じて六月に降伏開城した。翌七月に北条氏の

本拠小田原城も陥落して、北条氏は滅びた。以上の合戦の経過はよく知られている。このときの江川氏はどうだったであろうか。近世初期の系図（『寛永諸家系図伝』）は次のように伝える。

天正十八年、（豊臣）秀吉が小田原に進発したとき、韮山の城内の江川曲輪《くるわ》を守り、すでに落城の後、東照大権現《とうしょうだいごんげん》（徳川家康）の仰せは、「江川（の所）へは軍勢を入れないようにし、前例通りに保て」との趣旨であった。朝比奈弥太郎《あさひなやたろう》（泰勝《やすかつ》）がこのことを承ったので、城内にあって平穏無事であった。

『寛永諸家系図伝』

江川氏が守備したとされる韮山城内の「江川曲輪」は江川砦とされる。だが江川邸も含んだ自らの屋敷地を軍事拠点としたものとするのが妥当と思われる。江川氏は、韮山城の落城までここを守り切ったようである。第三章で述べた、早雲以来求められていた役割を果したといえようか。

韮山城の落城のとき、降伏の使者として知られる徳川家康の家臣朝比奈泰勝が、降伏開城した同城の接収にあたっていた。その朝比奈に、秀吉に従い小田原城攻囲に従軍していた家康が命じて、江川の屋敷には軍勢を入れずに原状を保たせた。おかげで江川氏は屋敷にあって略奪なども受けず無事であった。おそらく、そういう状況だったのであろう。

落城後の江川氏

その後、韮山城は内藤信成《ないとうのぶなり》が城主となる。北条氏の旧領《きゅうりょう》の大部分を豊臣秀吉から与えられた家康が、家臣の内藤信成にこの城を与えたことが知られている。内藤は、朝比奈とともに使者となり、韮山城の接収にあたったとも伝わる（『寛政重修諸家譜』）。江川英吉は当主を退き、出家したと推測され（伊藤拓也「戦国期江川氏の基礎的分析」）、江川英長が新たな当主となる。英長について、近世初期の系図の記載には、次のような内容が伝わる。

（英長は）北条氏直にお仕えしたとき傍輩《ほうばい》と口論をして浪人となる。このため、北条美濃守《みののかみ》氏規が書を大権現（徳川家康）にお送りして、英長を三河国《みかわのくに》の岡崎《おかざき》へ遣わした。大権現は扶持《ふち》を差し上げて、（英長は）戸田甚九郎《とだじんくろう》（尊次《たかつぐ》）の組に属してご奉公を務めた。だが江川の家を継ぐべき子がいなかったので、氏直が使いを大権現に差し上げて英長を請うたので、（英長は）また伊豆国に帰った。天正十八年に大権現の関東ご入国のとき（英長は）召出されて、早雲からのこの地域の様子をお尋ねになり、また酒部屋の修理のために「御代官の諸役」を半役にお許しになった。伊奈熊蔵《いなくまぞう》（忠次《ただつぐ》）と彦坂小刑部《ひこさかしょうぎょうぶ》（元正《もとまさ》）がこのことを承った。

『寛永諸家系図伝』

近世後期の系図には、英長は口論の後その傍輩、つまり同僚を殺したとも伝わる（『寛政重修諸家譜』）。同僚とのトラブルの詳細はよくわからないが、英長はともかく出奔して浪人となった。だが韮山城の北条氏規の仲介があって徳川家康に仕え、岡崎《おかざき》（愛知県岡崎市）で戸田尊次の配下として働いた。そうしたところ、江川氏に後継者問題が出てきて、英長は英吉の後継者として呼び戻されたというわけである。そして小田原合戦の後、支配者となった徳川家康に召し出された。早雲以来のご当地のことを尋ねられ、江川氏は引き続き代官として任用された。さらに「酒部屋」つまり江川邸の修理のため、「御代官の諸役」―代官として徳川氏に上納する税（年貢など）―を「半役《はんやく》」（半額）にしてもらった。英長は、おそらく伊奈忠次と彦坂元正の配下の代官として働いたとみられる。

近世に引き継がれるもの

伊奈忠次と彦坂元正は、代官頭《だいかんがしら》と呼ばれる、近世初期における徳川氏の代官のリーダーである。代官頭は伊奈忠次と彦坂元正、および大久保長安《おおくぼながやす》と長谷川長綱《はせがわながつな》を合わせた四人がメンバーとされる。文禄五年（一五九六）干支申《さる》の三月八日、この四人の連署印判状が江川英長に宛てて出された。伊熊こと伊奈熊蔵《くまぞう》忠次、大十兵こと大久保十兵衛《じゅうべえ》長安、彦小刑こと彦坂小刑《しょうぎょう》部《ぶ》元正、長谷七左こと長谷川七左衛門《しちざえもん》長綱の四人が徳川家康の意向を認定した文書である。

以上

江川支配下の「御代官所《おだいかんしょ》」に「十分一《じゅうぶいち》」をお下しになるとの旨、(著者注　徳川家康が) 仰せになったという件、確かに承った。以上。

申

三月八日

伊熊 (印)
大十兵 (印)
彦小刑 (印)
長谷七左 (印)

『江川文庫』

家康の意向は、江川英長の「御代官所」の「十分一」を英長に与えるというものである。江川氏が代官を務める徳川氏直轄地の村々から徳川氏が毎年とる年貢《ねんぐ》(税)の一〇分の一、つまり一割を代官給、代官の給与として江川氏に与えることとしたわけである――これを、物成《ものなり》十分一制ともいう――。

この前々年から前年にかけ、伊豆一国の検地として、同国北部・中部の村々に網羅的な検地がなされた（高橋廣明『近世村落の形成』）。この検地による権利関係の確定を受け、江川氏管轄の村々一律で一割の代官給を徳川家康が認め、代官頭がそれを認定したものと思われる。江川氏が戦国時代に北条氏の代官として一割前後の代官給を下されていたのを、基本的に継承したものとみられる（伊藤拓也「戦国期江川氏の基礎的分析」）。

近世初期、江川氏が代官として管轄した村は一三ヵ村、石高でいうと五〇〇〇石弱と伝わる（『韮山町史』六上）。石高は、村や土地の生産量ということになっている、米の量で表される数値、近世におけるいわば村や土地の「額面」である。一三カ村は、金谷・山木・滝山・多田・中・内中（伊豆の国市）と桑原・大竹・上沢・平井・間宮（函南町）、八幡野・奈良本の各村である。これらの村は、八幡野（伊東市）と奈良本（東伊豆町）を除けば、韮山周辺の村々である。このうち上沢村は戦国期の沢郷に対応し、江川氏は戦国時代からの代官の立場を継承したとみられる。ただもちろん、一三ヵ村すべてがそうではないだろう。北条氏から徳川氏に支配者が変わったことに伴う編成替は大いにある。だがある程度以上の村で、戦国時代から引き続き江川が代官を務めたとみられる（伊藤拓也「戦国期江川氏の基礎的分析」）。

江川氏は、当主が英長に変わり、韮山周辺の村々で、引き続き代官を務めた。江戸幕府が大名や旗本《はたもと》、つまり将軍徳川氏の家臣たちの家系図を集成した『寛永諸家系図伝』や『寛政重修諸家譜』に江川氏の系図はある。よって江川氏は旗本、つまり徳川氏の家臣の侍としての立場も引き続き保持したということになる。

だが江川氏は、領主ではなくなることが、戦国時代とは異なる。おそらく立野郷の所領は、北条氏滅亡までに失われており、近世初期に幕府の直轄地となっている。そして本拠地の金谷郷は、先にも述べたように近世初頭に金谷村と中村に分離し、のち元和二年（一六一六）に金谷村から内中が分村《ぶんそん》して、金谷・中・内中の三村に分かれる。内中村が分村する前の金谷村は、徳川氏の直轄地であった。中村は初め内藤信成が領主、慶長六年（一六〇一）に内藤が転封《てんぽう》により韮山を去った後は、また徳川氏の直轄地となった。もちろん、徳川家康が江戸幕府を開いたのちは、これらの村々は幕府の直轄地ということとなる。

近世初期の『寛永諸家系図伝』には、豊臣氏方として前線で戦ったため差し障りがあり、旧《きゅう》領《りょう》と主張する五〇〇〇石の土地について、領主ではなく代官として任用したと伝わる。しかし本拠地では、第四章の天正一八年の検地帳のところで触れたように、江川氏は自ら、もしくはその配下の土地を多く所持していた。江川氏は戦国時代、北条氏の段階で獲得した隔絶した地位を、近世も相変わらず保持し続けた。位置づけとしては、従来からいわれているような、いわゆる土豪的代官となったといえるだろう。江川氏は、戦国時代に領主を務めるかたわら、土地集積という「副業」を行っていたことは、第四章で述べた。その「副業」が、戦国時代が終わった後に自らの地位を守ることになったのだから、面白い。

変わり絶えるもの

そして京都とのつながりは、前章の最後でも述べたように、薄れていく。戦国時代から近世初期に引き継がれたものと、変わり絶えたものがある。領主でなくなったが、代官ではあり続けて身分的には侍、本拠地では土豪であったところは変わらない。そして経営が危なくなったら主家に助けを求めるところも──当時においては、当然のことであったかもしれないが──さほど変わらないようである。近世後期に江川氏の子孫が書き残した『江川家由来記』に、おそらく近世初期のこととして、次のように伝わる（『韮山町史』六上）。

（江川氏は）石高四千八百九石余りの旧領の分を代々支配いたし、「御物成米十分一」の米六百俵余りを拝領していたのですが、代々（江川氏に）仕えてきた家来を養っていくのが難しいとの旨を申し上げたところ、「御米」三千俵の拝借をお認めいただき、伊豆の国中の（徳川氏・幕府の）直轄地である所に三割の利息でもって貸し付け、（利息の）一割を幕府に上納して、残りの二割である六百俵は太郎左衛門（江川氏当主）が代々拝領しております。

江川氏が徳川氏＝幕府から与えられる「御物成米十分一」、つまり代官給では家来を養うことが難しいと訴えた。江川氏は自らの家の経営を成り立たせることができなくなり、幕府に助けを求めたというわけである。それに対し、幕府は「御米」つまり米を三〇〇〇俵、江川氏に毎年貸し付けた。江川氏はその米を、伊豆の幕府直轄地の村々に利息三割で貸し付けた。村々からとれた利息分の三分の二を懐に収めて――三分の一は幕府に上納――、江川氏は経営を成り立たせたといったところであろうか。この貸米制《かしまいせい》とも呼ばれる方式は、北条氏のときの「借金」の肩代わりとは、やり方がかなり違う。しかし、資金繰りが回らなくなると主家――ここでは徳川氏、幕府――に助けを求めて何とかしてもらう、という本質は同じであるように思われる。

ともあれ江川氏は、北条氏のときと同様の立場を、領主ではなくなったこと以外は、基本的には維持することができた。それを可能にしたのは、やはり徳川氏との個人的なつながりであったように思われる。江川英長が徳川家康に仕えていたことがあるらしいこと、御三家《ごさんけ》の一つ、紀州藩《きしゅうはん》の藩祖《はんそ》徳川頼宣《よりのぶ》の母である養珠院《ようじゅいん》（お万《まん》の方《かた》）が家康に輿入れするときに、英長がお万の方の養父になったこと、などである。

また江川氏がつくる江川酒も、江川氏の立場の保持に大きく寄与したとされる。近世初期となっても、江川酒は京都など各地で流通し珍重され、徳川氏に献上するいわゆる御用酒《ごようしゅ》となっていた（『韮山町史』一二）。当面は、京都の酒屋というルーツも示す江川酒の製造は引き継がれた。

しかし、それも一七世紀末に途絶えた。近世後期の江川氏の家系図である『系譜』に、英長の曽孫にあたる江川英暉《ひでてる》のこととして、次のように伝わる（『韮山町史』六上）。

代々献上いたして来た江川酒のこと、願い上げ申し上げ、休止いたし申した。

『江川文庫』

江川英暉が、幕府に江川酒の献上の休止を願い出たというわけである。元禄六年（一六九三）に代官給の給付が、年貢勘定の厳密性を求めて物成十分一から、切米《きりまい》（ここでは幕府から支給される米）一五〇俵の給付に変更され、貸米制も廃止された（『韮山町史』一一）。切米給付により、江川氏が管轄の村々からとった年貢がすべて幕府の浅草御蔵《あさくさおくら》（東京都台東区）に運ばれるようになり、江川氏は酒の原料の米を確保できなくなったらしい（橋本敬之『江川家の至宝』）。江川氏は江川酒の生産を止め、それを「熊坂の酒屋」こと竹村氏に託した、ということになろうか。

江川氏は、京都のルーツたる酒屋に由来する酒造を止め、江戸幕府の地方代官に専念していくようになる。こうして戦国の江川氏は、近世の江川氏、伊豆の地方代官に転進していく。享保八年（一七二三）に不祥事で一旦罷免されるが、のち赦免され復帰する。幕府の地域再編に伴い、三島代官の業務も吸収し、いわゆる韮山代官として、伊豆国・駿河国と相模国・武蔵国・甲斐《かいの》国《くに》など、広範な地域の幕府直轄地の村々で代官を務めることになる（『韮山町史』一二）。社会が中世から近世に変わり、業務を整理・変更することで生き残りを図り、それが成功したとでもいうべきだろうか。江川氏は韮山代官として幕末まで存続する。

一方江川氏は、文化的なもの、いわゆる芸事《げいごと》を「本場」京都仕込みで学ぶ志向があったが、それは近世となっても変わらないようにみえる。前章でみたように、連歌師の里村紹巴との交流は近世初期に断たれたかもしれない。しかし、それ以後も、江川氏当主が蹴鞠《けまり》や茶道《さどう》を京都の師匠と交流して学んだ形跡はある。元禄三年（一六九〇）に公家飛鳥井雅豊《あすかいまさとよ》から蹴鞠の「門弟　江川太郎左衛門」宛てに蹴鞠免許状をもらい、茶道表千家《おもてせんけ》の八代目千宗左《せんのそうざ》（一七四四～一八〇八）とも交流があったとされる（橋本敬之『幕末の知られざる巨人江川英龍』）。

しかし、江川氏が芸事を学ぶ「本場」は、近世には、京都とは限らなくなったようである。俳句は漂泊の俳人大淀三千風《おおよどみちかぜ》（一六三九～一七〇七）に学んでおり、松尾芭蕉《まつおばしょう》門下の系譜をくむ沼津（沼津市）の俳人六花庵官鼠《りっかあんかんそ》（一七三三～一八〇三）を迎えて俳句サークルをつくった。また剣術について、江戸（東京都）神道無念流《しんとうむねんりゅう》を隆盛に導いた戸賀崎熊太郎暉芳《とがさきくまたろうてるよし》（一七四四～一八〇九）と交流があったようである（綿谷雪《わたたにきよし》『日本剣豪１００選』、橋本敬之『幕末の知られざる巨人江川英龍』、橋本敬之『江川家の至宝』）。

菩提寺も、京都の本圀寺とのつながりは前章でみたように近世初頭にはなくなり、地元の本立寺のみとなるようである。きっかけは日禎の引退・隠棲かもしれないが、もっと大きな話をすると、近世初期に敷かれた寺檀制度、一家一寺制が近世を通じ広がっていくことと関係するかもしれない。一家一寺制とは、家の全員が一つの菩提寺に帰依するしくみである（森本一彦『先祖祭祀と家の確立―「半檀家」から一家一寺へ』、朴澤直秀『近世仏教の制度と情報』、他）。江川氏は近世初頭に早々と遠方の本圀寺からは離檀《りだん》―檀家を止めること―し、菩提寺を本立寺に絞ったのかもしれない。そして江川氏と本立寺との関係は、いかにも近世の法華宗の寺檀関係となっていったと理解できる。このようにして、江川氏と京都とのつながりは、だんだんと薄れて断たれていったようである。

まとめ―変わりゆく江川氏

この章では、戦国の世が終わり変わりゆく江川氏、何が近世に引き継がれて、何が変わってまたは絶えたのか、ということについて述べた。まとめると次のようになろう。

戦国時代の終わりを告げる小田原合戦（一五九〇）のとき、江川氏は韮山城の東側、江川邸付近を守っていた。韮山城の降伏開城までそこを守り切り、早雲以来期待されていたであろう軍事的な役割は果たしたようである。合戦後に支配者となった徳川家康に、新当主の江川英長が召し出されて代官として任用された。身分的には侍・武士として、おそらく従来とだいたい同じ村々で引き続き徳川氏、のちには幕府の代官を務めた。ただ領主ではなくなり、本拠地でいわゆる大地主でありながら代官を務める、土豪的代官というべき存在となった。

江川酒は引き続き献上した。だが、近世中期に代官としての給与の給付方法が変わったことでお酒の原料の米を確保できなくなったらしく、江川氏は酒造を止める。そして江戸幕府の地方代官に専念するようになる。不祥事により一時代官を罷免されるが、復帰後は、広範な地域―伊豆国・駿河国と相模国・武蔵国・甲斐国など―の幕府直轄地の村々で代官を務める、いわゆる韮山代官となる。江川氏の菩提寺は、京都の本圀寺とのつながりは近世初頭にはなくなる。離檀したかもしれない。結果、地元の本立寺のみとなり、いかにも近世の法華宗の寺檀関係というようなものになった。

一方文化的なもの、いわゆる芸事を「本場」仕込みで学ぶ志向自体は変わらなかった。江川氏当主が茶道、俳句、剣術を学んだ形跡がある。ただ、その「本場」は、中世では基本的に京都であったと思うが、近世ではそこだけではなくなった。江川氏にとっての「本場」は、京都だけでなく江戸や、地元に近い沼津なども加わることになる。結果、江川氏と京都とのつながりは、だんだんと薄れ、絶えていくことになる。

このように江川氏は、「本場」仕込みでさまざまなものを学びながら韮山代官を務める。そして、江戸後期に一代の傑物《けつぶつ》を生んだ。冒頭にも述べた江川英龍である。英龍は「世直《よなお》し江川大明神《だいみょうじん》」と善政を讃えられるほどの名代官であった。

反射炉をつくり、日本に西洋砲術を導入して幕府に海防《かいぼう》の建言《けんげん》をして品川台場《しながわだいば》―いわゆる東京のお台場―建設にも携わった。伊豆に種痘《しゅとう》を普及させ、私塾「韮山塾」―川路聖謨《かわじとしあきら》、黒田清《くろだきよ》隆《たか》や大山巌《おおやまいわお》ら、いわゆる幕末の俊才や維新《いしん》の元勲《げんくん》も学んだ―を開いて人材を育成した。また、和算《わさん》・天文学《てんもんがく》・測量などに長け、漢詩を読み、絵画を描き、陶器や刀剣までつくる一流の文化人でもあった。

剣術は神道無念流の江戸の道場撃剣館《げきけんかん》―斎藤弥九郎《さいとうやくろう》、藤田東湖《ふじたとうこ》、渡辺崋山《わたなべかざん》、桂小五郎《かつらこごろう》、新《しん》撰組《せんぐみ》の芹沢鴨《せりざわかも》ら、いわゆる幕末の剣豪《けんごう》や著名人と同門―で免許皆伝《めんきょかいでん》、撃剣館四天王の一人に挙げられた。そして江戸三大道場の一つ斎藤弥九郎の練兵館《れんぺいかん》設立に尽力した（綿谷雪『日本剣豪１００選』、仲田正之『江川坦庵』、橋本敬之『幕末の知られざる巨人 江川英龍』）。まさに八面六臂《はちめんろっぴ》、江川氏の集大成ともいえそうな、マルチな活躍である。

この英龍に象徴されるように、近世の江川氏は、状況に応じて業務を整理・変更しながら時代に適応して生き残り、マルチに活躍したといえようか。

おわりに

伊豆韮山の江川氏の戦国時代について述べてきた。史料が限られていたので、この時代の江川氏のすべて、とまではもちろんいかなかった。だが、最近わかってきたことを最大限に取り入れ、推定や試算を大胆に行い、その姿をなるべく詳しく描き出すことを試みた。

京都で土倉・酒屋を営む町衆であったのが、おそらく早雲が伊豆の国主になったことをきっかけに、そこに下向した。そして早雲にとりたてられて侍になり、おそらく拠点防衛に秀でた町衆であったことを活かして韮山城を守備する任につき、本拠地で大地主かつ領主となっていった。そして江川酒という東国では唯一無二といってよいお酒をつくり、代官を務めた。

おそらく算術など業務に必要な特殊技能をもち、そのかたわら華道など芸事を修め、おそらく文化的にも一流のものをもっていた。宗教的には京都以来の法華宗信者で、地元に菩提寺をつくるが、京都のころの菩提寺とも付き合いを保ち、遠方の檀家としての務めも果たした。

京都の町衆出身で資金力と経営能力をもち江川酒をつくる。江川氏は、そうした出自・能力・特殊性をもつがゆえに、主人の北条（伊勢）氏にオンリーワンの存在として重宝された。一方、さまざまな職能や、意外に広範囲な交友範囲をもつという、この時代によくありそうな一般性をもっていたともいえる。

戦国時代の人々は、自らのもつ職能・特色や人脈を活かしながら、マルチに意外と自律的に生きてきた人が多かったように思う。著者が研究した横浜の寺尾（神奈川県横浜市）の給人である諏訪氏—その姿は、江川氏の何分の一も詳しく描けなかったが—も、自らもっていた人脈を活かして主人の北条氏に寄与していたようである（伊藤拓也「戦国期寺尾諏訪氏の基礎的分析」）。ともあれ、戦国時代のこうしたクラスの一族で、江川氏ほど詳しくその姿を描ける事例は珍しく、貴重といえる。しかもその江川氏は、近世になったときに新しい主人の徳川氏とも、当主となった江川英長がたまたまもっていた関係をおそらく手がかりに、特別な関係を結んだ。そして、その能力・特殊性を活かして徳川氏・江戸幕府に仕え、旗本《はたもと》となり、状況に応じて業務を整理・変更しながら、たくましく生き抜いていった。そして韮山代官として、江川英龍を中心に、戦国時代をはるかに凌ぐ歴史的位置を占めるに至る。

そうした、江川氏が戦国時代から近世にシフトチェンジして適応していく様《さま》は、特に近世初期の様相をみればもっと詳しくわかると思うのだが、まだ十分に解明されたわけではない。これも史料の制約によるところが大きいのだが、江川文庫の目録をみるに、まだ見出されていない史料がいくつかあるようである（静岡県教育委員会編『江川文庫古文書資料調査報告書』）。

そこを丹念に探して調査し、傍証も併せて考察すれば、もっと詳しくわかるのではないかと思う。それを、私の当面の課題としておこう。

参考資料

はじめに

平野仁也『江戸幕府の歴史編纂事業と創業史』清文堂　二〇二〇年

第一章

新井浩文等「丹党岩田氏に関する新出史料」『埼玉県立文書館紀要』三三　二〇一九年
有光友學「江川文庫所蔵 北条氏発給文書等の紹介」『古文書研究』七〇　二〇一〇年
伊藤拓也「戦国期江川氏の基礎的分析」『生きるための地域史』（中村只吾、渡辺尚志編）勉誠出版　二〇二〇年
伊藤拓也「韮山江川氏の出自と下向」『横浜商大論集』五五‐一　二〇二一年
酒匂由紀子『室町・戦国期の土倉と酒屋』吉川弘文館　二〇二〇年
杉山茂『薬の社会史』近代文芸社　一九九九年
橋本敬之「江川酒の製法書発見」『御手製酒之法書』江川英龍公を広める会　二〇二一年

第二章

浅倉直美「天文～永禄期の北条氏規について」『駒沢史学』九〇　二〇一八年
伊藤拓也「戦国期江川氏の基礎的分析」『生きるための地域史』（中村只吾、渡辺尚志編）勉誠

出版　二〇二〇年
仲田正之『韮山代官江川氏の研究』吉川弘文館　一九九八年

第三章
阿部愿「伊勢新九郎世系考」『伊勢宗瑞』（黒田基樹編著）戎光祥出版　二〇一三年
家永遵嗣「伊勢宗瑞（北条早雲）の出自について」『伊勢宗瑞』（黒田基樹編著）戎光祥出版　二〇一三年
家永遵嗣「北条早雲の伊豆征服」『伊勢宗瑞』（黒田基樹編著）戎光祥出版　二〇一三年
家永遵嗣「伊勢盛時（宗瑞）の父盛定について」『学習院史学』三九　二〇〇一年
家永遵嗣「足利義視と文正元年の政変」『研究年報―學習院大學文學部』六一　二〇一四年
家永遵嗣等『戦国の魁 早雲と北条一族』新人物往来社　二〇〇五年
池上裕子『北条早雲』山川出版社　二〇一七年
伊藤拓也「戦国期江川氏の基礎的分析」『生きるための地域史』（中村只吾、渡辺尚志編）勉誠出版　二〇二〇年
伊藤拓也「韮山江川氏の出自と下向」『横浜商大論集』五五-一　二〇二一年
伊藤拓也「伊勢（北条）早雲の小田原城攻略について」『日本歴史』八八九　二〇二二年
榎原雅治『中世の東海道をゆく』中央公論新社　二〇〇八年

大高吟之助『郷土多賀村史』郷土多賀村史刊行会　一九七二年
黒田基樹「伊勢宗瑞論」『伊勢宗瑞』戎光祥出版　二〇一三年
黒田基樹『戦国大名・伊勢宗瑞』ＫＡＤＯＫＡＷＡ　二〇一九年
黒田基樹『今川氏親と伊勢宗瑞』平凡社　二〇一九年
黒田基樹編『北条氏年表』高志書院　二〇一三年
齊藤慎一『中世東国の信仰と城館』高志書院　二〇二〇年
佐藤健一「和算における日用数学の成立について」『東京理科大学博士論文〔学術〕乙』
一〇八九　二〇一七年
佐藤博信「古河公方足利義氏についての考察」『中世東国政治史論』塙書房　二〇〇六年
佐脇栄智『後北条氏と領国経営』吉川弘文館　一九九七年
静岡県埋蔵文化財調査研究所編『大見城跡』静岡県埋蔵文化財調査研究所　一九九七年
重要文化財江川家住宅修理委員会編『重要文化財江川家住宅修理工事報告書』重要文化財江川
家住宅修理委員会　一九六三年
鈴木将史「吉田光由『塵劫記』に見る算数教育の伝統と未来」『創価大学教育学論集』六八　二
〇一七年
二階源市『新定珠算教授ノ実際』培風館　一九三九年

則竹雄一『古河公方と伊勢宗瑞』吉川弘文館　二〇一三年
藤井学『法華衆と町衆』法蔵館　二〇〇三年
森幸夫「乱世に立ち向かう」『戦国大名北条氏の歴史』（小田原城総合管理事務所編）吉川弘文館　二〇一九年
和算研究所編『和算百科』丸善出版　二〇一七年

第四章

有光友學「江川文庫所蔵 北条氏発給文書等の紹介」『古文書研究』七〇　二〇一〇年
石井岩夫「近世初期内中村の成立について」『韮山町誌の栞』二　一九七八年
池上裕子『戦国時代社会構造の研究』校倉書房　一九九九年
池上裕子『日本中近世移行期論』校倉書房　二〇一二年
池上裕子『中近世移行期の検地』岩田書院　二〇二一年
伊藤拓也「戦国期江川氏の基礎的分析」『生きるための地域史』（中村只吾、渡辺尚志編）勉誠出版　二〇二〇年
伊藤拓也「韮山江川氏の出自と下向」『横浜商大論集』五五 - 一　二〇二一年
糟谷幸裕「領主―地域神社間相論と戦国大名権力」『生きるための地域史』（中村只吾、渡辺尚志編）勉誠出版　二〇二〇年

久保健一郎『戦国時代戦争経済論』校倉書房　二〇一五年
黒田基樹『中近世移行期の大名権力と村落』校倉書院　二〇〇三年
佐脇栄智『後北条氏の基礎的研究』吉川弘文館　一九七六年
佐脇栄智『後北条氏と領国経営』吉川弘文館　一九九七年
重要文化財江川家住宅修理委員会編『重要文化財江川家住宅修理工事報告書』重要文化財江川家住宅修理委員会　一九六三年
高橋廣明『近世村落の形成』同成社　二〇二〇年
則竹雄一『戦国大名領国の権力構造』吉川弘文館　二〇〇五年

第五章

阿部浩一『戦国期の徳政と地域社会』吉川弘文館　二〇〇一年
有光友學『戦国史料の世界』岩田書院　二〇〇九年
有光友學「江川文庫所蔵 北条氏発給文書等の紹介」『古文書研究』七〇　二〇一〇年
伊藤拓也「戦国期江川氏の基礎的分析」『生きるための地域史』（中村只吾、渡辺尚志編）勉誠出版　二〇二〇年
大石泰夫編『韮山町の神社』韮山町史刊行委員会　一九九四年
久保健一郎『戦国時代戦争経済論』校倉書房　二〇一五年

則竹雄一『戦国大名領国の権力構造』吉川弘文館　二〇〇五年

第六章

有光友學「江川文庫所蔵 北条氏発給文書等の紹介」『古文書研究』七〇　二〇一〇年
静岡市教育委員会編『大御所徳川家康の城と町』静岡市教育委員会　一九九九年
西ヶ谷恭弘「戦国期の清酒生産と江川酒」『戦国史研究』一八　一九八九年
橋本敬之「江川酒の製法書発見」『御手製酒之法書』江川英龍公を広める会　二〇二二年

第七章

伊藤拓也「戦国期江川氏の基礎的分析」『生きるための地域史』（中村只吾、渡辺尚志編）勉誠出版　二〇二〇年
伊藤拓也「韮山江川氏の出自と下向」『横浜商大論集』五五‐一　二〇二一年
今谷明『天文法華一揆』洋泉社　二〇〇九年
河内将芳『中世京都の民衆と社会』思文閣出版　二〇〇〇年
河内将芳『戦国仏教と京都』法蔵館　二〇一九年
冠賢一『京都町衆と法華信仰』山喜房佛書林　二〇一〇年
川戸貴史『戦国大名の経済学』講談社　二〇二〇年
座間美都治「北条氏直と高室院文書」『北条氏直』（黒田基樹編著）戎光祥出版　二〇二〇年

静岡県教育委員会編『江川文庫 古文書資料調査研究報告書』六 静岡県教育委員会 二〇一二年
圭室諦成『葬式仏教』大法輪閣 一九六三年
豊田武『宗教制度史』吉川弘文館 一九八二年
中尾堯『日蓮宗真蹟遺文と寺院文書』吉川弘文館 二〇〇二年
橋本敬之『幕末の知られざる巨人 江川英龍』KADOKAWA 二〇一四年
藤井学『法華文化の展開』法蔵館 二〇〇二年
朴澤直秀『幕藩権力と寺檀制度』吉川弘文館 二〇〇四年
朴澤直秀『近世仏教の制度と情報』吉川弘文館 二〇一五年
森幸夫『小田原北条氏権力の諸相』日本史史料研究会 二〇一二年
両角倉一「里村紹巴小伝」『連歌俳諧研究』二四 一九六二年

第八章

伊藤拓也「戦国期江川氏の基礎的分析」『生きるための地域史』(中村只吾、渡辺尚志編)勉誠出版 二〇二〇年
高橋廣明『近世村落の形成』同成社 二〇二〇年
仲田正之『江川坦庵』吉川弘文館 一九八五年

橋本敬之『幕末の知られざる巨人　江川英龍』ＫＡＤＯＫＡＷＡ　二〇一四年
橋本敬之『江川家の至宝』長倉書店　二〇一五年
朴澤直秀『近世仏教の制度と情報』吉川弘文館　二〇一五年
森本一彦『先祖祭祀と家の確立―「半檀家」から一家一寺へ』ミネルヴァ書房　二〇〇六年
綿谷雪『日本剣豪１００選』秋田書店　一九七一年

おわりに

伊藤拓也「戦国期寺尾諏訪氏の基礎的分析」『横浜商大論集』五三-二　二〇二〇年
静岡県教育委員会編『江川文庫 古文書資料調査報告書』六　静岡県教育委員会　二〇一二年

著者あとがき

江川氏で、江戸時代ならわかるけれど戦国時代で、一冊の本になるとは思わなかった。この本をどうにか書き上げた著者の、偽らざる感想である。

私は、戦国時代の北条氏について研究している。といっても、北条氏について詳しいなどというのは、本当におこがましい。兼業主夫をしながら、内容も評価も高くなりそうにない論文をポツリポツリと書いてきたくらいという、まさにしがない研究者である。論理構成力も記憶力も乏しく、「(研究上で)そんな大事なことを、何で忘れるんですか?」という旨の、ごもっともなご指摘を同業者にされてしまったこともあるくらいである。大学院の指導教官であった池上裕子先生が本当に我慢強く、懇切丁寧にご指導下さった。そのおかげで何とか、研究者と主張できるところにいると私は考えている。池上先生、ありがとうございます。

そんな私も、あるとき、お世話になっていた近世史の渡辺尚志先生の論文集に寄稿するチャンスに恵まれた。ただ対象地域に、東海地域という指定があった。北条氏の領国でその地域となると、基本的に伊豆しかない。そのころは埼玉県や東京都にあたる地域を主に勉強しており、率直にいって伊豆は(も)よく知らなかった。チャンスに飛びついたものの、どうしようか。そのように苦慮したが、戦国史の有光友學先生が生前、江川氏関係の史料を発見されて、紹介されていたことを思い出した。

新しい史料のある江川氏なら、もしかしたら書けるかもしれないと選んで論文を書いた。そのときの論文は大した成果も挙げられなかったと思うが、それが江川氏を研究するきっかけということになろうか。渡辺先生、ありがとうございます。有光先生、江川氏の史料を紹介された発表会で、面識もない若造のした実にくだらない質問に、真摯にお答えいただいたことを今も覚えております。ありがとうございます。

その論文を書くにあたって伊豆の江川邸に伺い、江川文庫の史料を捜した。そのときに、橋本敬之先生の二〇一四年のご著書に出会った。江川邸の窓口で販売していたのを見つけて購入したうちの一冊であったと記憶している。その本から、有光先生の史料紹介からも漏れた、まだ活字化されていない史料があることをお教えいただいた。そうした史料を読み込んで調べていくうちに、戦国時代の江川氏について、新しく興味深い事実がだんだんとわかってきた。論文も何本か書けそうで、研究者としては一番幸せなときだったと思う。江川氏のマルチな活動に合わせて、京都の土倉や酒屋、法華宗、北条氏、徳川氏、近世初期の伊豆、韮山や韮山城の歴史、建築学などなど、本当に多くの分野の研究を、苦しくもうれしく勉強しながら、構想や執筆をした。江川邸に伺う行き帰りを使って、近代の地図のコピーを片手に、ほんのわずかではあるが韮山付近も調べ歩いた。この地域は、近現代の土地整備で田や河川などの様相はかなり変わっているようだが、調べ歩くことに意味はあった。例えば、金谷と中・内中とが丘陵で隔てられていて、俄には同じ郷村とは思えないほどであったことも、実際に歩くことで気づき実感したことである。

そうした折、日本史史料研究会の神田裕理さんから、北条氏関係で一般書を書くお話をいただいた。そのテーマを北条氏家臣の江川氏としてもよいとおっしゃっていただき、喜んで書かせていただいた。それが、この本である。結果として、先ほども述べたように、江川氏を戦国時代に特化して書く初めての本となった。

このように書いてみて、拙い一書ができるにも、自分の力などさほどもなく、幸運が重なっていたことを実感する。理系から通信制大学を経て日本史の研究者にどうにかなった私が、お世話になった方々を一人一人挙げると、先ほどにもみたようにそのたびに話が膨らみ、収拾がつかない。そこでこの件に関して直接お世話になったと記憶にある方にしぼってみたが、それでもたくさんいらっしゃる。

初めての著書、しかも一般書ということで、筆が遅く原稿も遅れがちな私を根気よくご指導いただいた神田さん。出版事情が厳しいおり出版をお引き受けいただいた時空書房の日吉伸介さん。そして日本史史料研究会の生駒哲郎代表。研究者のくせに崩し字を上手く読めない私を助けていただいた池上先生、小川雄さん、小池辰典さん、神田さん、谷口雄太さん。史料の収蔵館の建設中にもかかわらず史料閲覧に快く応対していただいた橋本先生はじめ江川文庫の方々。この場を借りて、厚く御礼申し上げます。

監修者あとがき

「戦国時代」というと、一般には武将たちの「血湧き、肉躍る」合戦絵巻をイメージすることが多いだろう。私事で恐縮だが監修者（神田）は、このようなイメージにいささか食傷気味の感を持っていた。武将は武将でも、「戦う姿」ばかりではなく、日々の生活にいそしむ姿をみてみたいと思っていた。

そこで、伊藤拓也氏に「戦国武将の多面的な生き様《いざま》」をテーマに据えた著書の執筆をお願いした。伊藤氏と私は、一橋大学大学院の池享先生のゼミで机を並べて以来、史料読みの勉強会もご一緒している。その勉強会で、伊藤氏は北条氏家臣の江川氏に関する史料群を紹介された。そこで知り得たのが、「お酒をつくる武将の姿」だった。

常日頃から「武将の多面的な生き様」を知りたいと思っていた私は、伊藤氏に江川氏による酒づくりについて、一般書の執筆を依頼したのである。おそらく、「戦国ファン」の一般読者も、「武将が酒づくりに従事している」ことは、ほとんど知らないだろう。戦国時代を生きた人々の多種多様な有《あ》り様《よう》を、一般読者に知ってもらうためにも、またとないチャンスだと考えた。この申し出に対し、伊藤氏も快諾され、単著へとつながったのである。

伊藤氏の初めてとなる単著の刊行をどちらにお願いすべきか思いめぐらしていた時、幸いにも時空書房の日吉伸介氏とのご縁を得ることができた。

ようやく産声をあげた『お酒をつくる戦国の代官』。読者の皆様には、「戦う姿」ばかりではない武将の生活ぶりについて、とくとお楽しみいただきたい。

二〇二三年七月一日　　日本史史料研究会・神田 裕理

お酒をつくる戦国の代官
―小田原北条氏家臣・江川氏

日本史史料研究会セレクト2

2023（令和5）年7月29日　第1版第1刷　発行

監　修　日本史史料研究会（にほんし しりょう けんきゅうかい）

2007年、歴史史料を調査・研究し、その成果を公開する目的で設立。主な事業としては、①定期的な研究会の開催、②専門書籍の刊行、③史料集の刊行。最近では、一般の方々を対象に歴史講座を開講し、同時に最新の成果を伝えるべく、一般書の刊行も行っている。主な一般向けの編著に『信長研究の最前線』『秀吉研究の最前線』（洋泉社・歴史新書y）、監修に『日本史を学ぶための古文書・古記録訓読法』（苅米一志著・吉川弘文館）、『戦国期足利将軍研究の最前線』（山田康弘編・山川出版社）、『徳川斉昭－栄光と失意の幕末－』（栗山格彰著・時空書房）などがある。

会事務所　〒170-0041 東京都練馬区石神井町 5-4-16
日本史史料研究会 石神井公園研究センター

著　者　伊藤　拓也（いとう　たくや）

1974年、愛知県生まれ。名古屋大学大学院生命農学研究科博士課程前期修了（旧姓武田）、放送大学教育学部人間の探求専攻（3年次編入）卒業。成蹊大学大学院文学研究科社会文化論専攻博士後期課程満期退学。横浜商科大学非常勤講師。

発行者　日吉　伸介

発行所　合同会社 時空書房
〒166-0011　東京都杉並区梅里 2-36-15 杉並 ST ビル 501
TEL 03-3317-2331　FAX 03-6383-1205
mail：jikuu.shobou.llc@gmail.com
URL：https://jikuu-shobou.com

カバーデザイン　デザインオフィス ホワイトポイント

印刷・製本　アイユー印刷株式会社

ISBN978-4-9912901-1-4 C0221